考え，議論する道徳をつくる

新しい道徳授業の基礎・基本

鈴木健二
Suzuki Kenji

必ず成功する **Q&A 47**

日本標準

まえがき

　道徳が教科になったとき，もっとも心配したのは，

　「つまらない道徳授業が毎週行われることになり，子どもたちにとって，かえってマイナスになるのではないか」

ということでした。

　しかし，全国各地の小中学校や教育委員会の講演会で，道徳授業に真剣に向き合う教師の姿を見ることができました。

　道徳が教科になったことで，本気で道徳授業を何とかしたい，という思いが高まっている教師が何人もいたのです。

　しかし，本気でやればやるほど，いろいろな悩みや課題が見えてきます。

　「道徳が教科になったが，これまでの道徳とどうちがうのか」

　「せっかくこれまで教材開発を積み重ねてきたのに，使えなくなってしまうのか」

　「教科書をうまく活用して，質の高い道徳授業をつくるには，どうしたらいいのか」

　「道徳の評価を子どもたちの成長に生かしたいが，どうしたらいいのか」

　「道徳授業で子どもたちが真剣に考えようとしないが，何かよい方法はないか」

　そこで，このような教師の悩みを少しでも解決したい，と考えて書いたのが本書です。

　本書は，前から順番に読む必要はありません。

　自分の悩みの解決にヒントを与えてくれそうなところから読めばいいのです。常に手元において，何かちょっと悩んだりしたら気軽に開いてみてください。何らかの解決のヒントを得ることができることでしょう。

　少し留意してほしいのは，ここに書いてあるのは，正解ではないということです。あくまでも私の考えです。大切なことは，自分なりの解答を見つけ出すためのヒントとしてとらえるということなのです。

　ですから，道徳授業の力量を高めたいという教師には，次のような読み

方をお勧めします。

ステップ1 Qだけ読んで，自分なりの解答を考える。
ステップ2 Aを読んで，自分の解答と比較する。
ステップ3 共通点と相違点をもとに自分の新たな解答を考える。

　このようなステップを積み重ねていけば，本書に取り上げていない新たな課題が出てきたときにも，自分なりの解答を見つけ出す力量が身についているはずです。

　研修会などで活用することも可能です。たとえば次のような活用方法があります。

① Qだけ提示して，全員が自分なりの解答を書いたあと，グループや全体で議論する。
② Aを読んで，学んだこと（気づかなかった視点など）を共有する。
③ 議論や学びを生かして，新たなアイデアを出し合う。

　さまざまなアイデアで本書を活用し，道徳授業の質を高めていってほしいと願っています。

　なお，本書の企画は，日本標準の郷田栄樹氏の提案から生まれました。

　そもそも私には，Q＆A的な本を書くという発想がなかったのです。

　しかし，今回書き進むにつれて，自分自身の思考が整理されていくのを感じました。そういう意味では，本書を書いて一番学べたのは自分自身だったように思います。このような機会を与えていただいた郷田氏に深く感謝いたします。

　2018年7月

鈴木健二

目 次

まえがき … 3

●第1章●

考え，議論する道徳授業の基礎・基本

Q. 1 魅力的な道徳授業をつくるうえで，最も大切なことは何ですか？…10

Q. 2 道徳が教科になり，教師が最も身につけなければならないことは何ですか？…12

Q. 3 教科書をどう活用すれば，授業がうまくいきますか？…14

Q. 4 子どもたちが夢中になる魅力的な教材を開発するコツは何ですか？…16

Q. 5 「主体的・対話的で深い学び」をめざす授業はどうすればできますか？…18

Column Kenji's Talk 1　道徳授業は人生を変える？…20

●第2章●

道徳授業を成功させる教材研究

Q. 1 道徳の授業びらきはどうしたらいいですか？…22

Q. 2 新年度，教科書に興味をもたせるにはどうしたらいいですか？…24

Q. 3 教科書を効果的に活用する教材研究はどうしたらいいですか？…26

Q. 4 教科書教材を深く読み取るにはどうしたらいいですか？
…28

Q. 5 本時のねらいを設定するときに大切なことは何ですか？
…30

Q. 6 子どもが真剣に考える発問をつくるコツは何ですか？…32

Q. 7 教科書を多様な方法で活用するにはどうしたらいいです
か？…34

Q. 8 朝の会などで活用できる道徳教材はありますか？…36

Q. 9 道徳授業づくりが上達するコツは何ですか？…38

Q.10 効果的な板書計画を立てるコツは何ですか？…40

Q.11 道徳授業で使える魅力的な素材を発見するにはどうしたら
いいですか？…42

Q.12 多様な素材が発見できるようになるために心がけることは
何ですか？…44

Q.13 収集した素材を活用するための整理術はどのようにしてい
ますか？…46

Q.14 素材を教材化するコツは何ですか？…48

Column Kenji's Talk 2　広がる「小さな道徳授業」…50

●第3章●
道徳授業を成功させる授業づくり

Q. 1 「考え，議論する道徳」にするにはどうしたらいいですか？
…52

Q. 2 道徳授業では必ず議論をさせるのですか？…54

Q. 3 心情に焦点をあてた授業をしてはいけないのですか？…56

Q. 4「めあて」は提示したほうがいいですか？…58

Q. 5 教材に興味をもたせるにはどうしたらいいですか？…60

Q. 6 授業に全員を参加させるにはどうしたらいいですか？…62

Q. 7 ペアやグループでの話し合いを充実させるにはどうしたらいいですか？…64

Q. 8 主体的な活動を引き出すコツは何ですか？…66

Q. 9 子どもの考えを生かすにはどうしたらいいですか？…68

Q.10 発問に対する反応が弱いときに打開する方法はありますか？…70

Q.11 予想しない意見が出されたとき，どう切り返せばいいですか？…72

Q.12 効果的な板書をするにはどうしたらいいですか？…74

Q.13 子どもの思考を深めるためのノート活用のコツは何ですか？…76

Q.14 授業の終末は説諭でまとめるのですか？…78

Q.15 １時間の学びをどのように書かせたらいいですか？…80

Q.16 授業後も子どもの実践的な意欲を持続させるにはどうしたらいいですか？…82

Column Kenji's Talk 3　入院中も素材発見！…84

● 第4章 ●
道徳授業を成功させる評価

Q. 1 的確な評価をするために心がけることは何ですか？…86

Q. 2 子どもが書いた学びをどのように読み取ればいいですか？…88

Q. 3 通知表所見の評価を書くコツは何ですか？…90

Q.4 道徳教育を保護者と連携するにはどうしたらいいですか？
…92

Q.5 参観日を効果的に活用するにはどうしたらいいですか？
…94

Column Kenji's Talk 4　通信が大きな波及効果を生む…96

第5章
道徳授業を成功させる年間指導計画

Q.1 同じ内容項目を複数回扱うときのポイントは何ですか？
…98

Q.2 教科書教材がつまらなくても，必ず使わなければいけないのですか？…100

Q.3 道徳授業と各教科等を効果的に関連づけるにはどうしたらいいですか？…102

Q.4 道徳授業と行事等を効果的に関連づけるにはどうしたらいいですか？…104

Q.5 年間指導計画について学年や学校で共通理解を図るにはどうしたらいいですか？…106

Q.6 自作教材を使いたいとき，どのように理解を得ればいいですか？…108

Q.7 道徳教育推進教師としての役割を果たすためのポイントは何ですか？…110

第1章

考え，議論する
道徳授業の基礎・基本

Q.1 魅力的な道徳授業をつくるうえで，最も大切なことは何ですか？

子どもたちが生き生きする道徳授業をつくりたいと思っています。道徳授業づくりのポイントを教えてください。

 A. 子どもたちの認識の変容を促す

　道徳授業づくりで最も大切なことは，子どもたちの認識の変容を促すことです。認識が変容すると，言動が変わりはじめる子どもが出てきます。そして，学級全体に大きな影響を与えるようになっていくのです。

◆道徳授業の現状

〈どんな道徳授業をしたいか？〉
　子どもの人生によい影響を与えるような道徳授業がしたい！
〈その理由は何か？〉
　今まで受けてきた授業は影響を与えるどころか，印象にもあまり残っていないので，何かあったときに思い出される授業をすべきだと思う。

　これは，ある道徳のセミナーに参加していた高校生が，「セミナーを受けて，これからどんな道徳授業をしたいと思ったか。その理由は何か」という問いに対して書いた答えです。これが道徳授業の現状です。
　小中学校の９年間，道徳授業を受けてきたはずの高校生が，「印象にもあまり残っていない」と言うのです。なぜでしょうか。
　それは，子どもが知っていることを問うだけの授業だからです。それでは思考は刺激されません。だから印象に残らないのです。

◆認識の変容を促すには

　このような道徳授業の現状を改善していくにはどうしたらいいのでしょうか。大切なポイントは**「認識の変容を促す」**ということです。

　では，認識の変容を促す道徳授業をつくるにはどうしたらいいのでしょうか。それは，**「教師自身の価値観を深める」**ということです。

　中学校で「友情」をテーマにした道徳授業を参観したことがあります。授業が終わった後，「友情って何ですか」と授業者に質問してみました。すると，しどろもどろできちんとした答えが返ってきませんでした。

　「友情とは何か」を知っているつもりで授業をしていたのです。これでは認識の変容は望めません。

　認識の変容を促す道徳授業をつくる第一歩は，

> 道徳授業で取り上げるテーマについて，自分なりに考えたり，調べたりすること

です。

　ある価値観を授業で取り上げるときに，その価値観について考えたり，調べたりする習慣をつけましょう。調べるときのポイントは2つです。

> ① 国語辞典で意味を調べる（辞典で調べるだけで，そんな意味があったのかという新たな発見があります）。
> ② テーマに関係ある書籍を読む（たとえば「友情」について書かれた本を読むと，いろいろな人の「友情」のとらえ方を学べます）。

　以上のような作業をすることによって，これまでより少しだけ深い道徳授業をすることができるようになるはずです。

ワンポイントアドバイス

道徳授業で取り上げるテーマについて，少しだけ深める意識をもちましょう。教師自身の価値観を深めていくことができるようになります。

第1章　考え、議論する道徳授業の基礎・基本

> **Q.2 道徳が教科になり，教師が最も身につけなければならないことは何ですか？**
>
> 道徳科となり教科書を全員が使うようになりました。いま教師が身につけなければならない力とはどんなものですか。

 道徳科時代の教師に必要な力は，
　① 教科書活用力
　② 教材開発力

◆2つの力を身につける

　道徳が教科化され，いまの教師が身につけなければならない力が2つあります。

　それは，「**教科書活用力**」と「**教材開発力**」です。この2つの力が相乗効果を発揮して，魅力的な道徳授業づくりができるようになるのです。

◆**教科書を活用する力を身につける**

　道徳が教科になったため，教科書が使われることになりました。

　教科書会社は指導書や赤本，道徳ノートなどを作成し，少しでもよりよい道徳授業になるように工夫しています。しかし，それらの内容を検討してみればわかりますが，そのまま活用してもなかなかよい授業に結びつかないのではないかと考えられます。

　そこで，必要となるのが，教師自身が教科書活用力を身につけるということです。教科書研究の基礎・基本を学ぶことによって，教科書活用力が高まり，魅力的な道徳授業をつくることができるようになります。

◆教材を開発する力を身につける

　教科書があれば，教材開発など必要ないのではと考えられがちですが，そうではありません。学習指導要領解説には次のような記述があります。*

> 　児童の発達の段階や特性，地域の実情等を考慮し，多様な教材の活用に努めること。特に，生命の尊厳，自然，伝統と文化，先人の伝記，スポーツ，情報化への対応等の現代的な課題などを題材とし，児童が問題意識をもって多面的・多角的に考えたり，感動を覚えたりするような充実した教材の開発や活用を行うこと。

　文部科学省も教材開発を奨励しているのです。

　道徳授業は，教師と子どもが一緒になって，生き方を考える時間です。だからこそ，教師が感動した教材や目の前の子どもたちに必要な教材を開発することが大切になってくるのです。教師が感動した教材は，授業が少々未熟でも必ず子どもの心に響きます。それだけの力があるのです。

◆相乗効果を生み出す

　教材開発というとハードルが高そうに思えますが，そうではありません。

　教材開発のステップを学び，積み重ねをしていけば，誰でも教材開発力を身につけることができます。

　教材開発力を身につけると，教科書活用力も高まります。教師自身が開発した教材で授業をつくることができれば，教科書教材も効果的に活用することができるようになり，相乗効果を発揮するようになるのです。

　教科書活用力と教材開発力の2つの力を身につけましょう。

ワンポイントアドバイス

教科書教材を「活用したい多様な教材の一つ」としてとらえてみてはいかがでしょうか。自分だったらその教材をどう活用するかを考えると新たなアイデアがわいてきます。

---

* 『小学校学習指導要領解説 特別の教科 道徳編』2017年, p.102。

Q.3 教科書をどう活用すれば，授業がうまくいきますか？

道徳科の授業では教科書をメインに使っています。道徳の教科書を上手に使うコツを教えてください。

A. 教科書の魅力を5つの視点から発見する

◆教科書の魅力を発見する

教科書の魅力を発見するためには，そのための視点をもつことが大切です。教科書会社によりちがう点もありますが，次の5つの視点が大切です。

視点1	教科書の書名
視点2	教科書の表紙や裏表紙のデザイン
視点3	目次の構成
視点4	教材名
視点5	学びへいざなうガイド文

◆魅力を発見するポイント

教科書には，書名がつけられています。たとえば次のような書名です。
『はばたこう明日へ』（教育出版）
『生きる力』（日本文教出版）
『ゆたかな心』（光文書院）
これらの書名を見て，何か魅力を発見できたでしょうか。
書名から魅力を発見するためには，

なぜ？ どうして？ という疑問をもって書名を見るようにすること

が大切です。

このような意識で書名を見ると，次のような疑問が浮かんできます。

- 明日にはばたくとは，どういうことなのか。
- はばたくとは，何をどうすることなのか。
- 明日にはばたくためには，どのように学べばいいのか。

このような疑問を子どもたちにぶつけるのです。子どもたちからは，いろいろな考えが出されることでしょう。書名についての疑問を子どもたちと話し合うことで道徳授業への心構えをもたせることができるのです。

◆表紙のデザインの魅力を生かす

表紙の写真やイラストも子どもたちと楽しむことができます。たとえば，ある教科書では，男の子が黒板に何か書いていて，ノートを持った女の子がそばに立っている写真が使われています（日本文教出版・小学4年）。

この表紙の写真を見せて，次のような発問をします。

発問1 気づいたこと，考えたことは何ですか。

発問2 どうしてこんな写真が表紙に使われているのでしょうか。

子どもたちは写真の意味を考えてさまざまな意見を出すでしょう。

それらの意見を交流させて，道徳授業に対する期待感を高めるのです。

以上のように，道徳授業に入る前に，教科書のさまざまな魅力を子どもたちと一緒に味わう授業をしてみてはいかがでしょうか。これが教科書活用の第一歩となるのです。

ワンポイントアドバイス

教科書には，教材以外にも書名や表紙など，さまざまな魅力があります。それらの魅力を発見して子どもたちと味わうことによって，道徳授業に対する意識を高めることができます。

Q.4 子どもたちが夢中になる魅力的な教材を開発するコツは何ですか？

子どもたちの課題にぴったりあった，自作教材を開発したいと思っています。教材開発のコツを教えてください。

 教材に出合ったときの教師の感動を大切にする

◆教師の感動を大切にする

教材開発力を高める第一歩は，**「教師の感動を大切にする」**ということです。教師が感動した教材こそが子どもの心に響くからです。

どうしたら教師の感動を大切にすることができるのでしょうか。

重要なのは，

> 日常的なささやかな出来事の中に感動があるという意識をもつ

ということです。

私たちは，日々さまざまな出来事に感動しているはずです。

大きな感動でなくていいのです。たまたま目にしたささやかな出来事でいいのです。

◆ささやかな出来事に気づく

ある日，コンビニに寄ったときのことです。

店員さんがゴミのたくさん入ったゴミ袋を取り出しているところに出くわしました。そのとき，目にしたのは，ゴミ箱の内側をていねいに拭いている店員さんの姿でした。ゴミ箱の内側なのでお客さんからは見えない部

分です。そんなところまでていねいに拭くのか，と感心しました。

　このとき大切なのは，一過性のものとせずに，

> 「よい場面を目撃した」と意識的にとらえる

ということです。

　できればちょっとメモしておく（写真も撮る）ことをお勧めします。

　このメモや写真が，後々教材開発につながっていくのです（第2章 Q.13
参照）。

◆感性を磨く

　日常のささやかな感動に気づくにはどうしたらいいのでしょうか。

　最も大切なことは，

> 感性を磨く

ということです。

　感性を磨くためには，

> 本物にふれること

を勧めます。たとえば次のようなことです。

① いろいろな人に出会う。

② すばらしい自然を眺める。

③ 芸術作品を鑑賞する。

　本物にふれることで確実に感性が磨かれ，気づく力が高まります。

　それが日常のささやかな感動をとらえる目につながっていくのです。

ワンポイントアドバイス

　感動は身の回りのさまざまなところから発見できます。新聞を読む，
本を読む，テレビを見る。日常的に行っているところからいくつでも
感動は発見できるという意識をもちましょう。

Q.5 「主体的・対話的で深い学び」をめざす授業はどうすればできますか？

道徳科でも「主体的・対話的で深い学び」が求められています。どうすれば，子どもたちが深く学べるのでしょうか。

 子どもが「考えたい」と思えるような思考を刺激する仕掛けをする

◆「主体的・対話的で深い学び」の第一歩

「主体的・対話的で深い学び」の実現に多くの学校が取り組んでいます。しかし実態を見るとなかなか思うような成果が出ていないようです。

どうしたら，「主体的・対話的で深い学び」を実現できるのでしょうか。

まず大切なのは，「子どもが考えたいと思えるようにすること」です。

考えたいと思えば，友達の考えを聞いてみたいという気持ちも生まれてきます。自分の考えをもって友達と話し合えば，今までもっていた考えが少し深まります。これが「主体的・対話的で深い学び」の第一歩です。

◆考えたいと思わせる仕掛け

道徳授業でどうしたら考えたいと思わせることができるのでしょうか。

大切なのは，「思考を刺激する仕掛けを工夫する」ということです。

工夫するポイントは次の3つです。

> 工夫1　教材に興味をもたせる工夫をする。
> 工夫2　意表をつく発問を工夫する。

工夫3　全員参加させる工夫をする。

◆題名で仕掛ける

　具体例を示してみましょう。

　「心と心のあく手」*という教材があります。

　この題名を活用して，思考を刺激する仕掛けを工夫するにはどうしたらいいでしょうか。

　まず，題名を次のように提示します。

□□□□と□□□□のあく手

　これだけで，「どんな言葉が入るのだろう」と興味をもちます（工夫1）。

　空欄の言葉を考えさせた後，「心」であることを伝え，発問します。

発問　心と心であく手することができるのでしょうか。

　このような子どもが思いもよらない発問をすることによって，「できるのかな」と考え始めます（工夫2）。

　できると思えば〇，できないと思えば×を選ばせ，理由を書かせます。

　〇か×か，どちらかを選ばせて書かせることによって，全員が授業に参加します（工夫3）。

　このように考えたいと思わせることが，「主体的・対話的で深い学び」の第一歩なのです。

ワンポイントアドバイス

　「主体的・対話的で深い学び」を促すためには，友達と交流させることも大切です。〇か×かを選ばせ理由を書かせた後，隣同士や複数の友達と交流させて，もう一度理由を考えさせるとよいでしょう。

＊『わたしたちの道徳　小学校三・四年』文部科学省。

Column
Kenji's Talk **1** 　道徳授業は人生を変える？

　「小学校の道徳の授業で藤子・F・不二雄さんの人生を学ぶ機会があって，彼の漫画への情熱に感動しました。私も何かひとつのものに熱中できないだろうか，と考えたら身近にあった体操が自然と思い浮かんだんです」。こう語るのは，東京五輪特別強化選手の畠田瞳さんです＊。

　授業をした教師も，きっとその教材に感動して取り上げたのではないでしょうか。教師が教材に感動してこそ，子どもの心に響くからです。

　子どもたちが感動するような道徳授業を生み出すために大切なのが，**教師が感性を磨くこと**です。

　感性を磨くためには，人物，自然，芸術作品などの本物にふれることが重要です。本物にふれると，心の深いところに何かが働きかけてきます。地道な本物とのふれあいの積み重ねが，感性を少しずつ磨いていくのです。

　私が特に心がけていることは，次の3つです。

---

　① 出会った人からいろいろな話を聞く。

　② 何気ない日常の風景（自然）のすばらしさを感じとる。

　③ 美術館に出かけて，さまざまなジャンルの芸術作品を鑑賞する。

　このように感性を磨いているうちに，身の回りにはいろいろな素材があることに気づくようになります。そして，それらの素材の魅力が少し深いところまで見えるようになってきます。

　それが，子どもが感動する道徳授業づくりの基盤になるのです。

　道徳授業が子どもの人生を変える力になったのかどうかは，なかなか確かめようがありません。しかし，教師が感動した教材で行った授業は，必ず，第二，第三の畠田さんを生むのではないでしょうか。

＊『Sports Graphic Number（スポーツ・グラフィック ナンバー）』954・955・956 号, 2018年6月14日。

第2章

道徳授業を成功させる教材研究

Q.1 道徳の授業びらきはどうしたらいいですか?

新年度がスタートして,子どもたちは授業に新たな期待感を抱いています。そうした期待感に応える道徳の授業びらきはどうしたらいいでしょうか?

道徳の授業びらきを成功させるポイントは,
① 新学年の道徳授業に対する期待感を高める
② 学級経営の指針となるメッセージを込める
③ 道徳授業で大切にしたいことを伝える

◆道徳授業びらきを成功させる3つのポイント

① 新学年の道徳授業に対する期待感を高める

 子どもたちは,おもしろい道徳の授業を受けた経験がほとんどありません。小学校教師をめざしている大学生に話を聞くと,「道徳の授業なんて覚えていない」と答えます。何の印象にも残らない授業が大半だからこそ,今年の道徳授業は今までとちがうぞ,という期待感を高めやすいのです。

② 学級経営の指針となるメッセージを込める

 道徳授業は,学級経営の要です。教師の教育観を,意図的・計画的に伝えることができるからです。特に初めての道徳授業は子どもたちに強い印象を与えることが可能です。そこで担任として最も大切にしたいメッセージを込めれば,それが子どもたちの心により強く刻み込まれるのです。

③ 道徳授業で大切にしたいことを伝える

 子どもたちは,道徳授業ばかりでなく,多くの教科の授業でかしこい子どもだけが活躍する場面を散々目にしてきています。こんな子どもたちの固定

観念をくずすことが，道徳授業では可能です。そこで道徳の授業開きで次の
ようなことを感じさせる授業を行います。

- 自分の考えたことを素直に発言すればいい。
- 自分と友達の考え方の違いを楽しむことができる。
- 今まで自分になかった新しい価値観を学べる。

　子どもたちは今度の担任が道徳授業で大切にしたいと思っていることを強
く感じてくれるでしょう。

◆学級びらきの日に授業を行う

　3つのポイントの効果を高めるためには，できるだけ早い時期に道徳の授
業をすることが大切です。可能であれば，学級びらきの日に最初の授業とし
て道徳を行うと効果的です。

　1時間の道徳授業という形にこだわらなくてもいいのです。時間は15分
でも30分でもかまいません。出会いの気持ちが新鮮なときに，学級担任の
思いを込めて，子どもたちの心に強く刻み込まれる道徳授業をしましょう。
これが成功すれば，子どもたちは，道徳の授業びらきで学んだ内容を1年間
意識し続けます。学級経営の大きな武器となります。

◆教師が感動した教材を活用する

　子どもたちの心に強く刻み込まれる道徳の授業びらきにするためには，教
材の選定が重要です。次の視点で，教師自身が感動した教材を選びましょう。

① お気に入りの絵本（伝えたいメッセージが込められているもの）
② 教師が感動した素材（日頃から収集しておくことが大切です）
③ 道徳教科書の教材の中で最も感動したもの

ワンポイントアドバイス

授業びらきは，子どもたちの心に最も響きやすい授業です。最大限の効
果を生み出すために，とっておきの教材を準備しておきましょう。

Q.2 新年度,教科書に興味をもたせるにはどうしたらいいですか?

新年度が始まり,新しい教科書を受け取った子どもたちの気持ちも高揚しています。そのような気持ちを大切にして,教科書に興味をもたせる工夫を教えてください。

A. 教科書に興味をもたせるためのポイントは,
① 目次を活用して教材に興味をもたせる
② ガイド文を活用して道徳を学ぶ意義を感じさせる

◆教科書の工夫をとらえる

　教科書教材をどう授業するかにだけ目が向きがちですが,その前に教科書をじっくり見てみましょう。多くの教科書では,冒頭の数ページを使って,次のような工夫をしていることに気づきます。
- 目次(マーク,色分け,題名などの工夫)
- 道徳を学ぶ意義(ガイド文の工夫)

これらの工夫を生かして,教科書に興味をもたせるのです。

◆目次を活用する

　目次は教科書の構成が一目でつかめる重要なページですが,あまり活用されていません。しかし,そこには上記のような工夫がしてあります。これらの要素に目を向けさせることで,目次を生かすことができます。
　最も活用したいのは,ずらっと並んだ題名です。題名はかなり工夫されてつけられていて,読むだけでも興味を惹かれます。
　子どもたちがさらに興味をもつように,次のような工夫をしてはどうで

しょうか。きっと子どもたちは教科書を読みたくなってくるはずです。

> ア）目次の範読を聞きながら，気になる題名に印をつけていく。
> イ）黙読しながら，特に気になった題名を３つ選ぶ。
> ウ）ペアやグループで気になった理由を話し合う。
> エ）学級全体で発表する。

◆道徳を学ぶ意義（ガイド文）を活用する

　道徳を学ぶ意義については，次のように教科書によってさまざまな書き方が工夫されています。このページを生かして子どもたちに道徳を学ぶ意義を考えさせておくと，１年間の道徳授業への意識が高まります。

> 　どうとくでは，みなさんがすすんでどうとく的なおこないができるように，気持ちや思いを発表し，友達の考えを聞いたり，しつ問したりしながら，話し合いをします。
> 　その話し合いをとおして，自分自身の心をみがき，思いやりや親切などについての学びを深めます*。

このガイド文を活用して次のような授業をしてはどうでしょうか。

> ア）ガイド文を教師が範読した後，子どもに音読させる。
> イ）道徳の授業は何のためにあるのかを問う。
> ウ）話し合いで自分自身の心がみがかれるのかを問う。

　このように道徳を学ぶ意義を子どもたちに考えさせることによって，今後の道徳授業への構えができてきます。

ワンポイントアドバイス

教科書によって，目次やガイド文以外にもさまざまな工夫がしてあります。それらを活用しようという意識で見てみると，いろいろなアイデアがわいてくるはずです。

＊『小学どうとく４　はばたこう明日へ』教育出版，2018 年。

Q.3 教科書を効果的に活用する教材研究はどうしたらいいですか？

教科書会社の指導書にあまり頼らないで教科書を効果的に活用できるようになりたいと思っています。どのように教材研究したらいいでしょうか。

A. 教材研究のための３つのステップは，
① 教材を何度も読む
② 子どもたちに考えさせたいことを発見する
③ 発問をできるだけたくさんつくる

◆教材研究の基礎・基本

　教科書を効果的に活用する力（教材研究力）を高めるために最も大切なことは，

> 自分自身で教科書教材と向き合う

ということです。そのためには，次の２点を実行することです。

> ① 内容項目を見ない。
> ② 教科書会社の指導書を見ない。

　授業で扱おうとしている教材には，どんな内容項目が設定されているのか，気になることでしょう。しかし，ここでぐっとガマンして内容項目を見ないようにします。最初から内容項目を見てしまうと，教材のとらえ方がその方向に引っ張られてしまうからです。見たとしても，あくまでも参考としてとらえ，自分だったら，どのような内容項目を設定するか考えましょう。

教科書会社の指導書も，つい見てしまいがちですが，それでは自分で教科書教材を活用する力は身につきません。誰かが考えたプランに頼って授業をしている限り，授業力は高まりません。自分が設定した内容項目で授業するとしたら，どのように展開するか，自分自身で考えましょう。

◆教材研究のための３つのステップ

［ステップ１］まずは教材を何度も読む

　読んでいるうちに，気になる部分が見えてきます。その部分に線を引いて，なぜ気になったかを書き込みます。たとえば次のような書き込みです。

- 友達って何だろうか。
- なぜ主人公は友達にこんなことを言ってしまったのだろう。
- ２人の仲がこんな状況になるまで誰も気づかなかったのだろうか。
- 仲直りさせるために，自分だったらどんなことをするだろうか。

出てきた疑問をノートに書き出していくと徐々に考えが深まってきます。

［ステップ２］子どもたちに考えさせたいことを発見する

　これが自分なりの内容項目の設定につながります。以上の作業をした後，指導書が示している内容項目を見ます。自分のとらえ方とずれがあった場合には，なぜずれが生じたかを考えましょう。

　教材を何度も読み，疑問を出し，子どもに考えさせたいことを発見しているうちに，発問が浮かびはじめます。

［ステップ３］発問をできるだけたくさんつくる

　思いついた発問はすべてノートに書き出します。１つの教材で，少なくとも20以上の発問を考えるようにしましょう。これ以上思いつかないという段階まできたとき，よい発問がひらめきはじめます。

ワンポイントアドバイス

　教科書教材に自分で向き合うという意識をもち，３つのステップを積み重ねていきましょう。地道な積み重ねが道徳授業力の向上につながります。

Q.4 教科書教材を深く読み取るにはどうしたらいいですか？

質の高い授業をするためには、教科書教材を読み取る力が大切だと思います。どうしたら教科書教材を深く読み取ることができるでしょうか。

A. 教科書教材を深く読み取るためのポイントは、
① 「知っているつもり」に気づく
② 批判的思考で読む

◆ 「知っているつもり」に気づく

　教科書教材を表面的にしか読み取れないと、授業も表面的になってしまいます。深く読み取れるようになると、授業の質が確実に高まっていきます。
　ある教師から道徳授業について相談を受けました。
　教材は、「仲間だから」*です。教材の冒頭には、「友達と助け合って」という主題名が書かれています。友達と助け合うことの大切さを学ばせるために、「仲間だから」という教材を活用しようというわけです。
　ここまで読んで、何か疑問が浮かんだでしょうか。
　「自分は知っているつもりになっていないか」という意識があれば、次のような疑問が浮かんできます。
　　●友達とは何か、仲間とは何か、友達と仲間は同じなのか。
　「友達」や「仲間」という言葉は日常的に当たり前に使われている言葉で、子どもたちもよく使います。実はここに落とし穴があるのです。
　あなたは先の問いに明確に答えられるでしょうか。
　改めて問われると、明確に答えられない人の方が多いはずです。

しかし，知っているつもりでいる教師は，自分自身が明確に答えられない価値観を授業で扱っているのです。よく知らない価値観をテーマに深い授業ができるはずがありません。

◆批判的思考で読む

批判的思考で読むとは，簡単に言うと，書いてあることをそのままうのみにせず，次のような意識で読むということです。

---

① 「なぜ」「どうして」という疑問をもって読む。

② 使われている言葉の意図を考えながら読む。

③ 描かれている事実と事実の整合性を考えながら読む。

このように読んでいくと，ちょっとした表現が気になるようになります。「仲間だから」に登場する「たくや」は，いつも班の友達から牛乳パックの片付けを押しつけられています。それが気になった「ゆい」は「たくや」に気持ちを聞こうとします。その場面が「次の日の登校のとき，わたしは思いきってたくやさんにたずねてみました」と表現されています。批判的思考で読むと，「次の日の登校のとき」「思いきって」という言葉が引っかかり，次のような思考を促されます。

- ●「次の日」とあるから，「ゆい」は「たくや」に何と言えばいいか，一晩考えたのではないか。
- ●「登校のとき」だから，一刻も早く確かめたかったのではないか。
- ●「思いきって」だから，かなりの決意をしてたずねたのではないか。

批判的思考によって，今までよりも一歩深く思考することができるのです。それが質の高い道徳授業につながるのです。

ワンポイントアドバイス

教材研究をするときに，扱おうとしている価値観について自分は本当にわかっているだろうか，と自問自答しましょう。うまく答えられないことに気づくことが教材を深く読み取る第一歩です。

＊『小学どうとく4　はばたこう明日へ』教育出版，2018年。

Q.5 本時のねらいを設定するときに大切なことは何ですか？

授業が終わった後，ねらいが達成できたのかどうかよくわかりません。ねらいを設定するとき，大切なことは何でしょうか？

A. 「その教材ならでは」のねらいを設定する

◆あいまいな道徳授業のねらい

　算数の授業の目標を設定するとき，「計算ができるようにする」と書く教師はいません。本時でどのような計算ができるようにしたいのかを考えて，「繰り上がりの足し算ができるようにする」という表現にするはずです。ところが道徳授業では，このような常識が当たり前になっていないのです。

　ですから「友情」であれば，平気で次のような本時のねらいを書くのです。

> 友達と進んでかかわり，仲良くしようとする心情を育てる。

　このようなねらいだと，どのような教材を活用しようとしているのか，ほとんどイメージできません。最も問題なのは，どのような友情のあり方を学ばせようとしているのかが，まったくわからないということです。

　ですから，「何となく友達について話し合ったよね」というような漠然とした授業になってしまうのです。これでは子どもに認識の変容を促すことはできません。

◆ねらいを設定する2つのステップ

　その教材ならではのねらいを設定するステップは，次の2つです。

ステップ1	教材を読み込んで，内容項目のどんな側面が描かれているのかを考える。
ステップ2	その側面をねらいの言葉として表現する。

　本時のねらいを設定するときに，まずしなければならないのは，授業で活用しようとしている教材が，内容項目のどんな側面を描いているのかを考えるということです。たとえば，「友情」で考えると次のようになります。

- 相手と仲良くしようとする「友情」
- 相手を助けようとする「友情」
- 相手のために自分の身を引く「友情」　など

左ページに示した本時のねらいが設定された教材は，次のような話です。

> **「こころはっぱ」**(概略)*
>
> 　「いのししくん」が「ともだち，ほしいなあ」とさみしそうにつぶやいているのを聞いた「たぬきくん」「きつねくん」「うさぎちゃん」が「ともだちになって」と呼びかけ，なかよくなります。すると，さみしい色だった「こころはっぱ」の木の葉が，ぱあっと明るくなったのです。

　「こころはっぱ」の木の葉が変わったのは，① 「いのししくん」のさみしさに気づく，② 声をかける，③ 仲良くなる，という３つの段階があったからです。このように教材を読み取ると，次のようなねらいが設定できます。

> さみしそうにしている友達の気持ちに気づいて進んで声をかけ，学級の「こころはっぱ」を明るくしようとする意欲を高める。

　先のねらいと比べてどうでしょうか。このようなねらいが設定できると，授業で子どもたちに何を考えさせることが重要なのかも見えてくるのです。

ワンポイントアドバイス

教科書の指導書のねらいを見てしまうと，そのねらいに引きずられてしまいます。「ねらいは自分で考えて設定する」という意識をもちましょう。

＊『あたらしいどうとく①』東京書籍，2018年。

Q.6 子どもが真剣に考える発問をつくるコツは何ですか？

教科書の指導書に示してある発問を使っても，子どもがイマイチ乗ってきません。子どもが真剣に考える発問をつくるには，どうしたらいいでしょうか。

A. 子どもたちが「もともと知っていること」を問うだけの発問にしない

◆子どもの反応が鈍くなる発問

　発問しても子どもたちの反応が芳しくないのはどうしてでしょうか。
　それは，上に記したとおり，子どもがもともと知っていることを問うだけの発問になっているからです。
　「残った仕事」*という教材があります。放課後,「ぼく」「佐代子さん」「道夫君」の3人で図書係の仕事をしているところへ「次郎君」がドッジボールの試合に「道夫君」を誘いに来ました。「佐代子さん」が「道夫君」の仕事を引き受けたため，「道夫君」はドッジボールに行ってしまい，仕事が終わらず残ってしまったという話です。
　授業は，次の発問で展開されました。

発問1	今まで自分の仕事をやり忘れたり，友達に頼んだりしてしまったことはありませんか。
発問2	もしあなただったら，道夫君に何と言いますか。
発問3	3人は自分たちの仕事を果たせませんでした。それぞれどうしたらよかったでしょうか。

このような発問をしているから，子どもの反応が鈍くなるのです。

◆子どもの反応が鈍くなる原因から子どもが考える発問づくりへ

3つの発問は，なぜ子どもの反応を鈍くするのでしょうか。

① 発問1 について

この発問を聞いた子どもたちは，道徳授業のねらいを感じとってしまいます。仕事をちゃんとやることが大切だという方向で意見を考えればいいのだということが見えてしまうのです。これでは本気で自分の考えを出そうという気持ちになれません。

② 発問2 について

導入で仕事をちゃんとやることが大切だという方向で考える授業であるという意識をもった子どもたちは，当然，次のような反応をします。

- ●終わってからドッジボールに行けば。
- ●明日までに貸せなくていいの。
- ●クラスのためだから，道夫君やろう。

仕事をちゃんとやる方向でしか意見が出なくなるのです。

③ 発問3 について

この発問に対しても子どもたちの答えは決まっています。

- ●道夫君は仕事を優先すべきだった。
- ●佐代子さんは道夫君の仕事を引き受けるべきではなかった。
- ●ぼくは，佐代子さんが仕事を引き受けるのを止めるべきだった。

これらの答えは，教材を読んだ後にすぐ発問しても返ってきます。子どもたちが知っていることを問いかけているだけの発問だから，当然です。

「子どもたちが知っていることを問うだけの発問になっていないか」

このように考えることが子どもが真剣に考える発問をつくるコツなのです。

ワンポイントアドバイス

「子どもたちがすでに知っていることを問うだけの発問になっていないか」と自問自答してみましょう。発問が確実に変わってくるはずです。

＊『小学校道徳5年　希望を持って』東京書籍，2017年。

Q.7 教科書を多様な方法で活用するにはどうしたらいいですか?

道徳の教科書を多様な方法で活用するにはどうしたらいいでしょうか。よいアイデアがあれば教えてください。

 A.「指導書どおり」「内容項目どおり」という固定観念にとらわれない

◆固定観念を払拭する

　教科書を多様に活用できない原因は何でしょうか。それは「教科書はこう使うものだという固定観念がある」からです。
　このような固定観念を払拭すれば、いろいろなアイデアが浮かんでくるようになります。たとえば、次のようなアイデアです。

> アイデア1　同じ内容項目を扱っている教材を比較させる。
> アイデア2　一つの教材をちがう内容項目で活用する。

　以下、具体的に示してみましょう。

◆同じ内容項目を扱っている教材を比較させる

　「ゆめに向かって泳ぐ－寺川綾－」「一歩一歩の積み重ね－伊能忠敬－」という教材があります*。
　どちらも内容項目は「希望と勇気、努力と強い意志」です。
　「ゆめに向かって泳ぐ－寺川綾－」はオリンピック代表をめざした大会で敗れ、「もう自分は終わったんだ。引たいするしかない」と思った寺川選手

が，「でも，今までずっとがんばってきたのに，ここでやめていいのか」と
考え直し，銅メダルを手にすることになるという内容です。

「一歩一歩の積み重ね－伊能忠敬－」は，49歳で商売を息子に譲り，50
歳から天文暦学を学びはじめた忠敬が，「道なき道を歩き，雨や風にも負け
ず」測量をやり遂げるという内容です。

この2つの教材でそれぞれ授業した後，次のように展開するのです。

---

① 2つの教材をもう一度読み直す。
② 読み直した後，次の発問をする。
　　発問 寺川綾選手と伊能忠敬が似ているところはどんなところですか。

このような展開をすることによって，子どもたちは，もう一度真剣に教材
を読み直し，新たな発見をすることになります。

◆ 1つの教材をちがう内容項目で活用する

教科書教材も柔軟にとらえることによって，いろいろな内容項目で授業
することが可能になります。

たとえば「一歩一歩の積み重ね」なら，「伝統と文化の尊重，国や郷土を
愛する態度」で扱えます。教材文には，次のような表現があります。

- 伊能忠敬によって作られた地図は，当時のぎじゅつを考えると，おど
  ろくほど正かくなものでした。
- げんざいの地図とほとんど変わらない，正かくな日本地図を作ったの
  です。

この部分に着目すれば，200年も前に外国人も驚くような日本地図を完
成させたすばらしい日本人がいたことに焦点をあてた授業ができるのです。

ワンポイントアドバイス

教科書教材を多様に活用するためには「指導書どおりにしか活用でき
ない」と考えるのをやめることが大切です。この教材で何を考えさせ
ることができるかを検討することによって幅が広がります。

＊『小学どうとく4　はばたこう明日へ』教育出版，2018年。

第2章　道徳授業を成功させる教材研究

Q.8 朝の会などで活用できる道徳教材はありますか？

朝の会や帰りの会で子どもたちの心を育てる話ができたらいいなと考えています。活用しやすい道徳教材があれば教えてください。

 10〜15分間でできる「小さな道徳授業」をつくる

◆「小さな道徳授業」をつくる

　朝の会や帰りの会などで活用できる道徳教材にぴったりなのは、「小さな道徳授業」の教材です。
　「小さな道徳授業」とは、10〜15分間でできるちょっとした道徳授業です。
　授業構成は、

| 活用したい教材＋1〜3個の発問 |

という実にシンプルなものです。
　活用したい教材を提示して発問をすればいいのです。
　工夫したいのは次の2点です。

| ① 興味関心や問題意識を高める提示
② 思考を刺激する発問 |

　この2点は、「考える道徳」「議論する道徳」を実現するための基本です。さらに、どの教科にも共通する授業づくりの基本でもあるので、「小さな道徳授業」づくりに取り組むことによって、授業力も高まっていきます。

◆「小さな道徳授業」の授業プラン

右の写真は,たまたま通りかかった建設現場で見かけた看板です。建設作業をする人たちの注意を喚起することを目的に掲示されているのでしょう。

この看板で「小さな道徳授業」をつくることができます。
以下,授業プランを示してみましょう。

1）看板を提示して興味を高める

授業開始と同時に,「凡事徹底」の言葉をぼかした写真（看板の部分のみ）を提示し,どんな言葉が書いてあるかを想像させた後,言葉を提示して意味を伝える。

2）看板の意味を話し合う

写真の全体像を提示して発問する。

発問1　建設現場は建設のプロの人たちが仕事をしています。どうしてそんなところに,こんな大きな看板が必要なのでしょうか。

3）自分に必要な"凡事徹底"を考える

発問2　あなたに必要な"凡事徹底"は何でしょうか。

右の写真は,ある教室で見かけた書道作品です。「進む勇気」という言葉を見ておもしろいと思い,写真を撮りました。

このように,身の回りからさまざまな素材を探してみてはどうでしょうか。朝の会などで活用できる素材がたくさん見つかるはずです。

> ワンポイントアドバイス
>
> おもしろい素材を発見したら,「小さな道徳授業」をつくるようにしましょう。このような地道な積み重ねによって,朝の会などで活用できる道徳教材が少しずつ蓄積されていくのです。

Q.9 道徳授業づくりが上達するコツは何ですか？

道徳の研究授業に挑戦したり，日々の道徳授業にも力を入れたりしていますが，なかなか思うような道徳授業を実践することができません。道徳授業づくりが上達するコツは何でしょうか。

A. 道徳授業づくりの上達の極意は，4つのステップと4つのポイント

◆4つのステップで取り組む

　道徳授業づくりが上達したければ，基礎・基本を学び，それを身につけるための努力を地道に積み重ねていくしかありません。
　まずは，次の4つのステップを意識して取り組むことから始まります。

> ステップ1　教師の感動を大切にする。
> ステップ2　感動した素材を数多く収集する。
> ステップ3　小さな道徳授業をつくる。
> ステップ4　1時間の道徳授業をつくる。

　道徳授業の基盤は，教師自身の感動です。教師自身が感動していない教材で授業しても，子どもの心に響くことはありません。教師自身がいろいろなモノ・コト・ヒトに対する感動を大切にすることが第一歩なのです。
　モノ・コト・ヒトに感動したら，一過性のもので終わらせないように，実物を集める，写真に撮る，話を聞くという習慣を身につけましょう。
　感動した素材を収集したら，「小さな道徳授業」をつくります（第2章Q.8参照）。小さな道徳授業は，10〜15分間の短時間で行える授業ですが，子

どもの興味関心や問題意識を高める教材提示の工夫と，思考を刺激する発問の工夫をしてつくるので，授業力向上につながります。

　大切なのは，小さな道徳授業をつくったらとりあえず子どもたちに試してみるということです。カリキュラムに関係なく朝の会などのちょっとした時間で実施できるので，手応えをすぐ確認することができます。

　小さな道徳授業づくりを積み重ねるうちに，だんだん1時間の道徳授業をつくることができるようになっていくのです。

◆ 4つのポイントで授業をつくる

　小さな道徳授業から1時間の道徳授業に発展させるときに，意識したいのが，次の4つのポイントです。

ポイント1　その教材ならではのねらいを設定する。
ポイント2　興味をもたせる（問題意識を高める）導入を工夫する。
ポイント3　思考を刺激する発問を工夫する。
ポイント4　身近な問題としてとらえさせる工夫をする。

　最も重要なのが，その教材ならではのねらいを設定するということです。ねらいが明確に設定できると，授業の質も高くなります（第2章Q.5参照）。ポイント2とポイント3は，小さな道徳授業づくりに取り組む段階で少しずつコツをつかんでいくことができるはずです。

　授業の終末は，子どもに身近な問題としてとらえさせる工夫をしましょう（第3章Q.14参照）。

　4つのステップと4つのポイントで，道徳授業づくりが確実に上達していきます。

ワンポイントアドバイス

簡単に上達するコツはありません。4つのステップと4つのポイントを意識して，地道な努力を積み重ねたその先に上達があるのです。

第2章　道徳授業を成功させる教材研究

Q.10 効果的な板書計画を立てるコツは何ですか？

板書に何をどのように書けばいいのかわかりません。効果的な板書計画を立てるコツは何でしょうか。

A. 学習内容を視覚的にとらえられるよう，「構造化」する

◆気になる板書の問題点

道徳授業を参観したとき，とくに気になる板書の問題点は，次の3点です。

① 羅列的板書になっている。
② 子どもの発言をメモするための板書になっている。
③ 教材の挿絵や言葉などが効果的に活用されていない。

①は，発問カードが順番に黒板に貼られていき，その発問に対する子どもの発言が羅列的に書かれている板書です。

このような板書をする教師は，授業の流れを順番に書いていくのが板書だと思い込んでいるのでしょう。

②は，ネームプレートと発言のメモで板書がいっぱいになり，そこから何を読み取ればいいのかわからなくなってしまっている板書です。

子どもの発言は一人残らず全部書くのが大切だと考え，なかには発言している子どもに背を向けたまま必死で発言をメモしている教師もいます。

③は研究授業でよく見られ，挿絵やキーワードや発問を書いたカードなどで，黒板がいっぱいになっている板書です。挿絵やキーワードが思考を刺激することもなく，黒板の飾りになっています。

◆板書を「構造化」する

板書で大切なことは何でしょうか。それは，次の2点です。

① 何が問題になっていて，何を考えればいいかがわかるようにすること。
② 何を学んだかが明確にとらえられるようにすること。

そのためには，「**学習内容を視覚的にとらえられるように板書を『構造化』すること**」が重要です。

板書を構造化するときの基本的な考え方は，次の5点です。

① 登場人物の人間関係を構造化する。
② 始まりと終わりの変化を構造化する。
③ ある出来事に対する登場人物の多様な考え方を構造化する。
④ 対立する考え方や比較する考え方を構造化する。
⑤ 主人公の考え方の深まりを構造化する。

教材内容や設定したねらいによって，どのように構造化すれば効果的な板書になるか考えましょう。

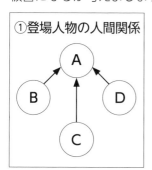
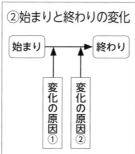
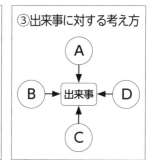

ワンポイントアドバイス

板書を計画するときには，まず教材に描かれている人物や出来事の因果関係等をしっかり把握しましょう。そして，どのような構造化が本時のねらいの達成に効果的か考えましょう。

Q.11 道徳授業で使える魅力的な素材を発見するにはどうしたらいいですか？

身の回りのモノを見ているのですが，なかなかよい素材に出合えません。どうしたら魅力的な素材を発見できるでしょうか。

 魅力的な素材発見のポイントは，
① 常に素材を見つける意識をもつ
② 目の前のことを「当たり前」と受け止めない

◆魅力的な素材とは

魅力的な素材とは次の2つのことです。

① 教師がぜひ活用してみたいと思える素材
② 子どもたちが興味を引きつけられる素材

このような素材がそんなに簡単に発見できるはずがありません。
まず心がけたいことは，

少しでも気になったものはとりあえず収集する

ということです。このような意識で数多くの素材を集めるうちに，魅力的な素材が少しずつ集まるようになるのです。質より量が大切です。
　誰かと雑談しているときも，街を歩いているときも，いつ，どんなときも，「何か素材があるはずだ」という**「常に素材を見つける意識をもつ」**ことが大切です。
　このような意識が当たり前になってくると，これまで気づかなかったモ

ノ・コト・ヒトが素材に見えるようになってきます。

◆当たり前と思わない感覚を身につける

　右の写真を見てください。愛知県の地下鉄駅構内で清掃作業をしていた人です。

　この人を見て，ちょっと驚きました。構内の壁までていねいに掃除していたからです。壁までこうやって掃除しているとは思ってもいなかった私は，思わず写真を撮りました。

　私たちは，何の意識もしないで地下鉄駅構内を歩いていますが，壁まできちんと掃除してくれる人がいるからこそ，気持ちよく歩けるのだということに気づかせてもらったのです。

　壁を掃除するというのは清掃を請け負っている人にとっては，当たり前かもしれません。しかし，私には新鮮な発見でした。この人が掃除をしている時間帯に通らなければ，何も知らないままだったでしょう。

◆素材をとらえる感覚を磨く

　壁を掃除している人を「よい素材になる」ととらえることができたのはどうしてでしょうか。

　それは，**「目の前のことを『当たり前』のこととして受け止めない」**という感覚をもっているからだと思います。

　当たり前だと思ってしまうと，何も見えなくなってしまいます。しかし，「この人が壁をこうやって掃除してくれているから清潔さが保たれているのか」ととらえることができれば，魅力的な素材として見えてくるのです。

> **ワンポイントアドバイス**
>
> まずは，少しでも気になったものはゲットする習慣を身につけましょう。数多く収集するうちに，いつの間にか魅力的な素材を発見できるようになってきます。

Q.12 多様な素材が発見できるようになるために心がけることは何ですか？

いろいろな素材を発見したいと思っています。多様な素材が発見できるようになるために大切なことは何でしょうか。

 A. すべてが道徳授業の素材になるという意識をもつ

◆多様な素材を発見するポイント

どうしたら多様な素材を発見することができるようになるのでしょうか。

最も重要なポイントは，**「すべてが道徳授業の素材になるという意識をもつ」**ことです。

このような意識をもつことによって，さまざまなモノ・コト・ヒトが素材の視点として見えるようになってきます。

たとえば，次のようなモノ・コト・ヒトです。

> 本・雑誌・漫画・絵本・機内誌・ポスター・チラシ・テレビ・ラジオ・映画・新聞記事・自然・学校の廊下・子どもの姿

さまざまな視点を意識できるようになると，素材発見の世界が大きく広がります。

以下，事例を示してみましょう。

◆ポスター「ドクターイエローの軌跡」を素材として「発見」した発想

次ページのポスター*を見てください。

ある駅で発見したポスターです。

このポスターを見て、素材になると思ったのは、次の言葉があったからです。

> お客様をお乗せすることのない新幹線。乗せているのは"安全という使命"です。

この言葉を読んで、次のような考えが浮かびました。
- 私たちが安心して新幹線を利用することができるのは、目立たないところで支えている存在があるおかげだ。
- 日常生活でも、目立たないところで支えている人がいるおかげで助けられていることがたくさんあるはずだ。

素材を発見したときに大切なのは、

> 細部の要素にまで目を配る

ということです。

少しでも気になる素材を発見したら、隅々までじっくり見るようにしましょう。そうすることによって、思わぬ要素に気づくことができるようになります。

思わぬ要素に気づいたら、あれこれ思考をめぐらすことが大切です。この思考が多様な素材の発見につながるのです。

> **ワンポイントアドバイス**
>
> 多様な素材を発見するためには、素材をとらえる視点を増やしていくことが大切です。視点が増えるほど多様な素材が目に飛び込んでくるようになります。

＊【提供】リニア・鉄道館

> **Q.13　収集した素材を活用するための整理術はどのようにしていますか？**
>
> 素材の収集を心がけていますが，素材の数が増えてくると整理するのが大変になってきます。どのように整理すると活用しやすいでしょうか。

「使える」整理術のポイントは，
　① ネタ帳に整理する
　② 電子データを3つのファイルに整理する
　③ 紙素材は2穴ファイルに整理する

◆整理術の基礎・基本

　素材を整理する方法は，人によってさまざまです。自分に合った方法でなければ長続きしないので，この方法がベストというものはありません。
　整理するうえで大切なことは，

必要なときにすぐに検索できる自分なりのシステムを構築する

ということです。
　私が実践しているのは，次の3つです。以下，整理するポイントを示しましょう。

◆整理するポイント

① ネタ帳に整理する

　ネタ帳はバッグに入る小さなノート（B6サイズなど）を使っています。
　発見した素材をメモするとともに，そのとき思いついた活用方法もメモ

します（右の写真参照）。使えそうな素材だ
なと思ったときによいアイデアが浮かぶこと
が多いからです。

② 電子データを３つのファイルに整理する

パソコンに素材フォルダを３つに分けて設
定しています。

- 写真データを保存するフォルダ（写真素
  材フォルダ）
  デジカメやスマホで撮った写真を保存し
  ます。
- 文書データを保存するフォルダ（文書素材フォルダ）
  ネットで配信される新聞や雑誌の記事をダウンロードして保存します。
- スキャナーで読み込んだフォルダ（スキャナーフォルダ）
  本や漫画などから発見した素材になりそうなページをスキャナーで読
  み込んで保存します。

パソコンに保存するときのポイントは，

> 素材名をできるだけ具体的に記述する

ということです。

③ 紙資料は２穴ファイルに整理する

紙ベースの素材を整理しているのは，Ａ４サイズの２穴ファイルです。

このファイルに，新聞の切り抜き，雑誌等の記事，パンフレットやリー
フレット，チラシなどをファイリングしていきます。

以上のポイントを参考にして，自分なりの整理術を構築しましょう。

ワンポイントアドバイス

素材を収集するおもしろさがわかってくると，素材の数がぐんと増え
てきます。それらの素材を最大限生かすために，整理術を構築してい
きましょう。

（右の写真：手書きメモ）

1. ソウルサーファー（NHK「あさイチ」より）
   ① プロ目前のサーファー
   ② サメにおそわれ片腕を失う
   ③ 再びサーフィンに挑戦
   衝撃的な挫折から、なぜ立ち直れたのか？

2. 感動は不便の数だけここにある～青森県窪浦町のポスター～
   ① 何が学べるか
   ② どう生かせるか（自分の生き方に）
   ③ キャッチコピーをつくろう

3. 米国の詩人サミュエル・ウルマン「青春」天声人語2014.4.17
   ・青春とは、人生のある期間ではなく、心の持ちようを言う
   ・年を重ねただけでは人は老いない、理想を失うとき初めて老いる

4. 有田君（大学院生）の仕事の早さ
   ① 前日の夜頼んで翌日の朝研究室のドアにはさんであった
   ② 頼まれたことを最優先する　写真あり
   ③ 仕事をする時の基本　信頼される

Q.14 素材を教材化するコツは何ですか？

素材をたくさん収集していますが，なかなか教材化できません。素材を教材化するコツは何でしょうか。

 A. 教材化のポイントは，
　① 構成要素に細分化する
　② どの要素を活用するか考える
　③ 活用する要素への出合わせ方を工夫する

◆**素材を教材化する3つのポイント**

　せっかく収集した素材が埋もれてしまうのはもったいないことです。
　以下，素材を教材化する3つのポイントを詳しくみていきます。
① **構成要素に細分化する**
　収集した素材は，いくつかの要素で構成されています。
　そこで，いくつの要素で構成されているかを考え，できるだけ細分化します。細分化することによって，ささやかな部分を見逃さなくなるからです。
② **どの要素を活用するか考える**
　構成要素に細分化すると，この要素を活用したらおもしろい授業になりそうだということがだんだん見えてきます。すべての要素を活用しようとするのではなく，いくつかの要素に絞ることが大切です。
③ **活用する要素への出合わせ方を工夫する**
　活用する要素を絞り込んだら，それらの要素に子どもたちをどのように出合わせるとおもしろくなるかを考えます。

以上のような段階を踏んで考えていくと，素材を教材化することができるようになってきます。

◆素材の教材化から授業プランへ

　具体例を挙げてみましょう。右のシール*は，ある小学校のトイレで発見した素材です。

　このシールを構成要素に細分化すると，次のようになります。

要素1　標語「一滴の水も大切に！」
要素2　カッパのイラスト
要素3　愛知県水資源対策室

　細分化したらどの要素を活用するか考えます。

　このシールの場合には3つの要素しかないので，すべて活用しますが，とくに着目させたい要素は何かを考えます。

　着目させたい要素が決まったら，その要素とどのように出合わせるかを考えます。

　このような思考を経ることで，次のような授業プランが浮んできます。

1）標語を抜いたシールを提示して，発問する
　[発問1] カッパが何か言っているのですが，何と言っているのでしょうか。
2）標語を提示して，発問する
　[発問2] 一滴の水くらい気にしなくてもいいのではないでしょうか。

　1枚のシールでも，3つのポイントを活用すれば，教材化できるのです。

ワンポイントアドバイス

　素材を発見したら，構成要素を細分化する作業をしましょう。おもしろい要素に気づくことができるはずです。おもしろいと思った要素をどう活用するかを考えることが教材化の第一歩となるのです。

＊【提供】愛知県土地水資源課（1999年度 節水シール）

Column
Kenji's Talk 2　広がる「小さな道徳授業」

　「小さな道徳授業」が全国各地に広がりつつあります。

　ある中学校の校長先生は，次のように言います。「小さな道徳授業はいいですね。先生も生徒も楽しそうに取り組んでいます」

　この中学校では，毎週水曜日の朝の会に「小さな道徳授業」を位置づけて，全校で取り組んでいます。

　ある小学校では，研究発表会の研究紀要に自校で開発した「小さな道徳授業」を80本，参加者へのお土産として掲載しました。

　「小さな道徳授業」がこのような広がりをみせるのには，以下のような理由があるからです。

　理由1　いいなあと思った素材を気軽に試すことができる。

　理由2　いくつも試しているうちに授業力が向上してくる。

　理由3　学年や学校で素材を共有することができる。

　朝の会などを活用して行うのですから，教育課程にも関係ありません。

　学級担任の考えで，好きなように取り組めるのも大きな特徴のひとつです。ただ，学年や学校で取り組むと，あっという間に1年間分くらいの素材が集まるので，負担はかなり楽になります。

　また，「小さな道徳授業」は，気軽につくることができるので，若い教師や道徳授業を苦手にしている教師も取り組みやすいのです。

　「小さな道徳授業」に取り組みはじめると，**身の回りの何気ない素材が目に留まるようになってくる**という効果もあります。

　「おっ，これはつかえそうだぞ！」という意識が生まれるからです。

　小さいけれど，大きな可能性を秘めた「小さな道徳授業」に挑戦してみましょう。

第3章

道徳授業を成功させる
授業づくり

[第3章 Q.3出典]
小学1年『しょうがくどうとく いきるちから1』日本文教出版
小学2年『小学どうとく2 はばたこう明日へ』教育出版
小学3年『どうとく3 きみがいちばんひかるとき』光村図書
小学4年『小学どうとく4 はばたこう明日へ』教育出版
小学5年『新しい道徳5』東京書籍
小学6年『小学道徳 生きる力6』日本文教出版

Q.1 「考え，議論する道徳」にするにはどうしたらいいですか？

「考え，議論する道徳」の授業ができるようになりたいのですが，なかなかうまくいきません。どうしたら「考え，議論する道徳」の授業に近づくことができるのでしょうか。

教材から「何を考えさせるのか」を読み取り，その中から「何を議論させるのか」を絞り込む

◆何を考えさせるか，何を議論させるか

多くの学校で「考え，議論する道徳」をめざした授業が実践されつつありますが，考えさせるべきことや議論させるべきことがずれている授業が目立ちます。これでは，ねらいを達成できるはずがありません。

「考え，議論する道徳」という言葉だけが一人歩きして，ただ単に「考えさせればいい」「議論させればいい」という考え方でやっている授業が多いからでしょう。

どうしたら，**「考えさせるべきこと」「議論させるべきこと」**が見えてくるのでしょうか。

◆２つのステップで授業をつくる

「考えさせるべきこと」「議論させるべきこと」が見えてくるようになるためのステップは次の２つです。

> ステップ１　教材をじっくり読んで，考えさせたいことは何かを考える。
> ステップ２　考えさせたいことの中から，議論させたいことを絞り込む。

① **ステップ1について**

　まずは，自分だったら何を子どもたちと考えたいかをじっくり考えて書き出します。このとき，教科書の発問例や指導書の展開例などに左右されないで教材と向き合いましょう。できれば「なぜそれを考えさせたいのか」を書くようにすると，教材の読み取りが深まります。

② **ステップ2について**

　いくつか見えてきた考えさせたいことの中から，本時のねらいとの整合性を考えて，議論させたいことを絞り込んでいきます。

　この2つのステップで考えたことが「考え，議論する道徳」の授業づくりの骨格となるのです。

　「雨のバス停りゅう所で」*という教材を例に考えてみましょう。

　「雨のバス停りゅう所で」（概略）

　「よし子」は，たばこ屋の軒下で雨宿りをしながらバスを待っている人たちを追い抜いてバス停の先頭に並びました。しかし，お母さんは「よし子」をこわい顔で引き戻し，バスに乗ったあとも何も言いません。よし子は自分のしたことを考えはじめます。

　教材をじっくり読むうちに，考えさせたいことが浮かびはじめます。

● 軒下で雨宿りしている人たちは並んでいることになるのか。
● よし子の行為は，本当に割り込みなのか。
● バスに乗った後，お母さんは，なぜだまったまま何も言わないのか。

　これらの中から，議論させたいことを絞り込んでいくのです。

ワンポイントアドバイス

　ステップ1の「考えさせたいこと」をできるだけたくさん書き出すことが大切です。この作業が思考を刺激して，いろいろな発問や授業展開の工夫が浮かびはじめます。

＊『小学どうとく4　はばたこう明日へ』教育出版，2018年。

Q.2 道徳授業では必ず議論をさせるのですか？

「考える道徳」「議論する道徳」が大切と言われていますが，教材によっては議論させることが難しいものもあるようです。道徳授業では必ず議論させないといけないのでしょうか。

A. 議論は考えさせる手段，最も大切なのは認識の変容を促すこと

◆重要なのは考えさせること

　道徳授業で最も大切なことは，**「認識の変容を促すこと」**です。

　認識の変容をうながすためには，考えさせることが重要です。議論は，考えさせるための手段のひとつです。ですから，道徳授業で必ず議論させる必要はありません。

　考えさせるためには，次の2つがポイントになります。

① **子どもたちに真剣に考えさせること**

　子どもたちが真剣に考えようとしないかぎり，どんな授業をしても表面的な学びで終わってしまいます。真剣に考えようとする意識を高めることができれば，授業の雰囲気は大きく変わります（第1章Q.5，第2章Q.6，第3章Q.1など参照）。

② **多様な意見をもとに深い考えに導くこと**

　子どもたちが真剣に考えるようになれば，多様な意見が出てくるようになります。多様な意見が出ると子どもたちは思考を刺激され，考えが深くなっていきます。

◆議論を活用する授業パターン

考えさせる手段として議論を活用するため，次の2つを意識しましょう。

> A）指導過程に議論を仕組んでおく授業
> B）子どもの反応を生かして臨機応変に議論を仕組む授業

Aは，議論を仕組みやすい教材で授業する場合のパターンです。

対立の構図が明確な教材や，ある判断をめぐって多様な考えが出やすい教材では，このパターンで授業を構想することができます。

Bは，議論させるつもりではなかった場合でも，子どもの反応を生かして，議論を仕組むことができるパターンです。この授業パターンを活用するためには，子どもの反応を的確にとらえ，議論を仕組む力量が求められます。

Aパターンの教材には次のようなものがあります*。

> 「絵はがきと切手」(概略)
>
> 友達から届いた絵はがきが料金不足だったため，兄がその料金を払いました。主人公は，そのことを友達に知らせるかどうか迷います。

このような教材であれば，「知らせるか，知らせないか」「知らせるとしたらどのような方法で知らせるか」という発問で議論させることができます。

Bパターンの場合には，子どもの反応を生かして議論を仕組むことになります。どの反応を生かせば本時のねらいに迫ることができるか，という判断を迫られます。

Bパターンでは，「思わぬ反応が出されたときがチャンスである」ととらえましょう。思わぬ反応の中に，議論の芽が含まれているからです。

> **◁ ワンポイントアドバイス ▷** ✎
>
> 思わぬ反応が出されたときには，教師自身で何とかしようとしないことが大切です。そのような場合には，「君たちは今の考えをどう思う？」と問いかければいいのです。それが議論に発展するきっかけになるのです。

＊『小学どうとく4　はばたこう明日へ』教育出版，2018年。

第3章 道徳授業を成功させる授業づくり

Q.3 心情に焦点をあてた授業をしてはいけないのですか？

これまでの道徳授業のように，登場人物の気持ちを問う（心情に焦点をあてた）授業をしてはいけないのでしょうか。

A. 心情を問う発問から，行動を問う発問へと展開する

◆心情を問う発問の問題点

『小学校学習指導要領解説　特別の教科　道徳編』(文部科学省, 2017年) では，改訂の経緯の中で次のように述べています。

> 読み物の登場人物の心情理解のみに偏った形式的な指導が行われる例があることなど，多くの課題が指摘されている。(p.2)

ここで指摘されているように，「心情理解のみに偏った形式的な指導」が問題なのです。それは，

> 子どもがすでに知っていることを発言させるだけの発問になっている

からです。

◆心情を問う発問を検討する

しかし，教科書を見てみると，心情を問う発問がけっこう使われています*。
- **小学1年**「げんきにのはらをはしっていく三びきはどんなきもちなのだろう」（「にんじんばたけで」)
- **小学2年**「『いやだね。』といったとき，るっぺはどのような気もちだっ

たでしょう」（「るっぺ どうしたの」）

・**小学3年**「クマといっしょにイチゴを食べているとき，キツネはどんな気持ちだったでしょう」（「友だち屋」）

・**小学4年**「たくやさんに『なんでいつもそうなの？』とたずねたとき，ゆいはどう思っていたでしょう」（「仲間だから」）

・**小学5年**「お父さんのあせを見たとき，『わたし』はどんな思いがしたでしょう」（「お父さんは救急救命士」）

・**小学6年**「しわくちゃののしぶくろを見たとき，『ぼく』はどんな思いだったのかな」（「その思いを受けついで」）

これらの発問を授業で活用するかどうか検討するときには，

> 子どもが知っていることを問いかけているだけではないか

という視点で考えましょう。

　発問に対する子どもの反応を予想してみれば，「知っていることを問いかけているだけではないか」を判断するのは，そう難しくないはずです。

◆心情を問う発問を生かす

　心情に焦点をあてた授業をするのなら，次のような工夫をしましょう。

> 発問1 登場人物は，このときどんな気持ちだったか。
> 発問2 このような気持ちがわかるか。
> 発問3 それならば，こんな行動をとってしまったことは仕方がないのではないか。

　このように展開すれば，「気持ちは理解できても，とった行動については判断が分かれる」という授業をすることが可能になります。

ワンポイントアドバイス

「知っていることを問いかけているだけではないか」という視点は，心情を問う発問に限らず，どの発問を検討するときにも有効です。

＊各学年の出典は，p.51 参照。

第3章　道徳授業を成功させる授業づくり

Q.4 「めあて」は提示したほうが いいですか？

「授業の始まりにめあてを書くように」と指導されていますが，形だけに終わっているような気がしています。「めあて」を提示したほうがいいでしょうか。

A. 「めあて」によって子どもたちの問題意識が高まるよう，題名などを効果的に活用する

◆「めあて」の意味を考える

　授業の始まりに「めあて」を提示するのが当たり前だ，という風潮が全国的に広がっています。

　しかし，授業を参観してみると，とにかく「めあて」を提示すればいいのだ，という形式的な「めあて」がほとんどです。

　「めあて」を提示すべきかどうかを悩む前に考えるべきことがあります。

　それは，

| 「めあて」を何のために提示するのか |

ということです。

　「めあて」を提示するにあたって，教師が意識しなければならないことは，

| 子どもたちが，その「めあて」を考えたいと思っているかどうか |

なのです。

　子どもたちが考えたいと思わないような「めあて」を提示しても，何の効果もないからです。

◆問題意識を高める

子どもたちに，その「めあて」を考えたいと思わせるためには，**「問題意識を高める」**ことが大切なポイントになります。

そのために最も簡単な方法の１つは，**「題名を活用する」**ということです。

しかし，題名を活用して問題意識を高めようとする教師はほとんどいません。なかには題名を板書しない教師もいます。

多くの教材では，学ばせたいことや考えさせたいことなどを凝縮した言葉が題名としてつけられています。

ですから，題名をうまく活用すれば，本時の学習内容に対する問題意識を高めることができるのです。

◆題名を活用する

「人生を変えるのは自分－秦由加子選手のちょう戦－」*という題名がつけられた教材があります。

病気で右足を切断した秦由加子さんの生き方を描いた教材です。「人生を変えるのは自分」という題名は次のように活用することができます。

> ① 題名の一部を空欄にして提示し，入る言葉を予想させる。
> 「人生を変えるのは 　　　　　」
> ②「自分」という言葉が入ることを伝え，「自分で人生を変えることができるのでしょうか」という「めあて」を提示する。

できると思うかどうか問いかけて教材に入れば，子どもたちは問題意識をもって教材と向き合うのです。

◆ワンポイントアドバイス

「めあて」は，子どもたちの問題意識と合致してこそ，提示する意味があります。「めあて」が子どもたちの問題意識を高めたかどうかを振り返るようにしましょう。

＊『小学道徳６　はばたこう明日へ』教育出版，2018 年。

> # Q.5 教材に興味をもたせるにはどうしたらいいですか？
>
> 導入で生活体験などを出させてから教材に入っていますが，子どもたちの意欲があまり高まりません。どうしたら教材に興味をもたせることができるでしょうか。

 導入で題名やイラストを活用して，問題意識を高める

◆導入で大切なこと

「友達を怒らせたり，泣かせたりしたことはありませんか」
ある研究授業の導入での発問です。

この発問の問題点は何でしょうか。それは，本時の授業の結論が見えてしまっているということです。子どもたちは，「友達にいやなことをしてはいけないということを発表する授業だな」と感じてしまいます。案の定，どの発問に対しても，子どもたちはこの方向で意見を出していきました。

このような見えすいた導入では，子どもたちは本気になりません。

導入で大切なことは，次の2点です。

> ① 教材に対する興味をもたせること。
> ② 本時の学習に対する問題意識を高めること。

子どもたちが教材に対する興味をもったり，問題意識を高めたりすれば，学習に向かう姿勢が積極的になり，授業の雰囲気がよくなります。

◆教材に興味をもたせる（問題意識を高める）ポイント

教材に興味をもたせたり，問題意識を高めたりするためには，たとえば，

次のような方法があります。

> ① 題名を活用する（第3章Q.4参照）。
> ② 挿絵や写真を活用する。
> ③ 地図やグラフなどを活用する。
> ④ 始まりと終わりの変化を活用する。

「仲間だから」*という教材を例に考えてみましょう。

> 「仲間だから」（概略）
> 「たくや」は、班のみんなから牛乳パックの片付けを押しつけられています。そのことが気になった「わたし」は、無理してやっているのではないかと「たくや」にたずねますが、「たくや」は「ああでもしないと仲間に入れないから」と言って走り去ってしまいます。

この教材の冒頭には、右のような挿絵**が使われています。

挿絵は、その教材の重要な場面が描かれているにもかかわらず、多くの授業では、ほとんど活用されずに終わっています。教材に興味や問題意識をもたせるために、導入でこの挿絵を次のように活用してみてはどうでしょうか。

> ① 挿絵を提示して「気づいたこと」「考えたこと」を発表させる。
> ② 挿絵の情報を十分に読み取らせたところで、「これはいったい何をしている場面なのでしょう」と問いかけて、教材と出合わせる。

教材を読んで、一番問題となっている場面の状況を知った子どもたちは、問題意識を高めることになります。

ワンポイントアドバイス

教材を構成している要素（題名, 挿絵, 写真, 地図, グラフ, 会話など）に着目して、うまく活用できないか考えてみましょう。

---

* 『小学どうとく4　はばたこう明日へ』教育出版, 2018年。　**絵：田中六大

> **Q.6 授業に全員を参加させるには どうしたらいいですか？**
>
> 発問や学習活動などをあれこれ工夫しても，一部の子どもたちが一生懸命やるだけで，ほとんどの子どもたちは積極的になりません。授業に全員参加させるには，どうしたらいいでしょうか。

A. 授業に全員を参加させるポイントは，
① 全員に考えをもたせる
② 指名方法を工夫して緊張感をもたせる

◆ある授業の光景

次の写真を見てください。道徳の研究授業を参観したときの様子です。どんなことが読み取れるでしょうか。

> ① 一部の子どもしか挙手していない。
> ② 挙手の手が伸びていない。
> ③ 興味をなくしている子どもの姿が見られる。

多くの教室でよく見られる光景です。

この授業を参観したのは，9月の終わりですから，この学級がスタートして半年くらい経っているわけです。なぜこのような状態が半年も続いているのでしょうか。

それは，

> この状態を教師が問題だと感じていない

からです。

◆授業に全員を参加させる2つのポイント

このような状態を改善し，授業に全員を参加させるポイントは2つです。

① 全員に考えをもたせる

授業に全員を参加させるための第一歩は，一人ひとりに自分の考えをもたせるということです。

この意識をもっていない教師は，発問して挙手した子どもを指名するという授業を展開してしまいます。これでは，挙手しない子どもは参加しなくなっていきます。挙手している子どもにまかせておけばいいからです。

全員参加させるためには，たとえば，授業開始と同時に下のポスター*のイラスト部分を見せて指示します。

> 指示　全員立ちなさい。このイラストを見て，気づいたこと，考えたことが1つでも浮かんだ人は座りなさい。座った人は2つめ，3つめを考えましょう。

このように指示すれば，全員が考えざるを得なくなります。まずは，全員に自分の考えをもたせるところからスタートしましょう。

② 指名方法を工夫して緊張感をもたせる

①で全員が考えをもったら，あとは指名して発言させればいいのです。そのとき，「誰か発表してくれる人」などと言ってはだめです。これも結局は挙手する子どもにまかせておけばいいとなり，緊張感が緩みます。ランダムに指名すれば多くの子どもが緊張感をもって授業に参加します。

> **ワンポイントアドバイス**
>
> 授業中，教師が意識すべきことの一つは，子どもの参加状況がどうなっているか，ということです。一人でも授業に参加していない子どもがいたら，参加を促す手を打ちましょう。

* 【提供】メトロ文化財団

Q.7 ペアやグループでの話し合いを充実させるにはどうしたらいいですか？

一部の子どもしか発言しなかったり，内容が形式的になったりしています。どうしたら充実させることができるでしょうか。

A. 話し合いを充実させるポイントは，
　① 自分の意見をもたせてから話し合わせる
　② 意見を交流する視点を示す

◆形骸化する話し合い

　中学校で道徳の研究授業を参観したとき，勇気は必要かどうかをグループで話し合う場面がありました。

　右の写真は，出された意見をホワイトボードにまとめている場面です。どのような話し合いが行われているか，耳を傾けてみました。

　5人のグループでしたが，意見を発表したのは2人だけでした。

　よく発言するA君が3回自分の考えを主張し，もう1人の生徒は，A君の考えに賛同を示す発言を2回しました。あとの3人は何も発言しないまま，この班の意見として発表されたのです。これでは，何のためにグループで話し合ったのかわかりません。こうした状況は多くの学級で目にします。

　なぜこのようなことになってしまうのでしょうか。それは，

> ペアやグループにして話し合わせれば，活動させているような気になってしまう

からです。

◆話し合いを充実させる２つのポイント

どうしたらペアやグループでの話し合いを充実させることができるのでしょうか。ポイントは２つです。

① 自分の考えをもたせてから話し合わせる

自分の考えがあるからこそ，ほかの子どもの考えにも興味をもつのです。

ペアやグループでの話し合いがうまくいっていない学級では，子どもがちょっと困っていたら，「ペア（グループ）で話し合ってごらん」という指示を出す傾向があります。

自分の考えをもたないまま話し合いに臨んだ子どもは，ほかの子どもの考えを聞いて終わりとなります。だから，冒頭のグループのようにいつも発言する子どもが考えを出して，まわりはそれに同調するだけという話し合いになってしまうのです。

② 意見を交流する視点を示してから話し合わせる

自分の考えを主張するだけなら，ペアやグループで話し合う必要はありません。話し合うことによって，自分や相手の考えが深まったり，新たな考えが生まれることが大切なのです。そのためには，意見を交流する視点を示してから話し合わせましょう。たとえば，次のような指示をしてペアで話し合わせます。

> 指示1 お互いの考えを１つずつ順番に発表しましょう。
> 指示2 全部発表したら，相手の意見から学べたことを伝えましょう。

話し合いとは，相手から何かを学ぶ場であるという意識が芽生えると，話し合いの質も高くなっていくのです。

> **ワンポイントアドバイス**
>
> ペアやグループで話し合わせるときには，子どもたちの発言に耳を傾けましょう。よいモデルを発見したら，その話し合いのよさを紹介して，学級全体に波及させていきましょう。

第３章　道徳授業を成功させる授業づくり

Q.8 主体的な活動を引き出すコツは何ですか？

「主体的・対話的で深い学び」のある授業をめざしていますが，なかなか子どもたちが主体的になりません。主体性を引き出すコツがあるでしょうか。

A. 子どもたちが学びたくなる授業にするため，思考を促す「導入」「教材」「発問」「学習形態」「展開」を工夫する

◆「主体的・対話的で深い学び」の現状？

　ある中学校で道徳の研究授業を参観しました。

　授業は中学３年生の学級で行われましたが，その授業で発言した生徒は，36人中７人だけでした。

　授業の前半で自分の考えを書く時間が10分間設定されました（書く時間の長さにも驚きました）。私が見ていた窓側の生徒12人のうち６人は何も書けないまま時間が終わりました。ほかの生徒も同じような状況だったとしたら，学級の半数の生徒は何もしないまま10分間過ぎてしまったことになります。早く書き終えた生徒も，残りの４〜５分間，何もしないまま時間を過ごしています。授業の状況は惨憺たるものでした。

　さらに驚いたのは，研究授業後の協議会でのある教師の発言です。

　「子どもたちの表情を見ていたら真剣に考えていた。主体的な授業だったのではないか」

　生徒が何もしない時間が多いうえに，発言した生徒もわずかという授業を「主体的な授業である」ととらえている教師や学校があるわけです。

◆主体的な活動を引き出すポイント

主体的な活動を引き出す授業を実現するために最も大切なことは，

> 授業をおもしろいと思わせること

です。子どもたちは，学ぶことがおもしろいなあと感じたときに主体的になるからです。授業をおもしろいと思わせ，主体的な活動を引き出すために意識すべきポイントは，次の５つです。

① 興味関心を高める導入を工夫する。
② 魅力的な教材を活用する。
③ 思考を刺激する発問を工夫する。
④ 学び合えるペア・グループ学習を仕組む。
⑤ 全員を授業に参加させる展開を工夫する。

つまり，教師が授業で仕掛けるすべての教育活動が，主体的活動を引き出すものになっていることが大切なのです。

これらのポイントは，すべての教科に共通するものですが，道徳授業で特に重要なのは，魅力的な教材の活用でしょう。

右上のポスター*を見てください。なかなかインパクトがあります。そして次のような疑問が浮かんできます。

「なぜ警察官がこのような言葉を言っているのだろうか」

魅力的な教材は，提示するだけで思考を刺激し，主体的な活動を引き出すのです。

ワンポイントアドバイス

主体的な活動を引き出したいのであれば，自分自身がどんなときに主体的になるかを考えてみましょう。自分自身を見つめ直すところからヒントが見えてきます。

＊【提供】静岡県少年警察ボランティア連絡協議会／写真協力　自然社

Q.9 子どもの考えを生かすにはどうしたらいいですか？

子どもたちが出してくれるさまざまな考えを聞いているだけで，うまく生かせていないような気がします。子どもの考えを生かすには，どうしたらいいでしょうか。

A. 子どもの発言・考えを生かすには，発言を意味づけ，学級全体で共有する

◆まずはしっかり反応する

　子どもたちが一生懸命発表しているのに，あまり反応しない教師が多いようです。
　子どもの考えを生かす第一歩は，教師がしっかり反応するということです。たとえば，次のように反応するのです。

> ① 子どもの目を見てしっかりうなずく。
> ② 「なるほど」「いいね」などと，ひと言返す。

　多くの子どもが発言してよかったと思えるようになると，当然発言が増えます。そうなると，子どもの考えを生かす機会も増えてくるのです。

◆意味づけて学級全体に広げる

　子どもの考えを生かすには，**「発言内容を意味づけ，学級全体で共有すること」**が重要です。
　右に示したのは，「えがおいっぱい」*の挿

絵＊＊です。

　この挿絵を提示して，気づいたことや考えたことを発表させれば，次のような考えが出されるでしょう。

「真ん中の女の子が困っている」

　この考えを意味づけるために，次のように展開します。

教　師：どうして困っていると思ったのですか。

子ども：困ったような顔をしているから。

教　師：なるほど，女の子の表情から気持ちを想像したんですね。

　「困っている」という気づきに対して問い返し，なぜ気づいたかを引き出すのです。こうすることによって，「困ったような顔」→「表情から気持ちを想像した」と意味づけることができるわけです。

　次のような考えも出るかもしれません。

「この学級では，ほかにも困ったことが起きているかもしれない」

　この考えは次のように意味づけます。

教　師：どうしてそう思ったのですか。

子ども：これ以外にもいろいろ起きているので，女の子が困っていると思ったから。

教　師：2つのトラブルの絵をもとに，描いていないことにまで想像を働かせたんですね。

　このようにさまざまな考えを意味づけることによって，学級全体の子どもたちは物事のとらえ方を多様に学ぶことができます。そうするとそれが次の発言に生きてくるようになるのです。

ワンポイントアドバイス

子どもの考えをできるだけ簡潔に「意味づける」ことを心がけてみましょう。発言の質が少しずつ高まっていくはずです。

＊『小学どうとく3　はばたこう明日へ』教育出版，2018年。＊＊絵：田中六大

Q.10 発問に対する反応が弱いときに打開する方法はありますか？

発問しても、子どもたちの反応が弱く、どのように対応したらよいかわかりません。このような状況を打開する方法があるでしょうか。

A. 全員が考えを表明せざるを得ない指示を出す

◆発問に対する反応が弱い原因は教師にある

発問しても、反応が弱い学級をよく見かけます。
発問に対する反応が弱いのは、次の2つが原因です。

> ① 発問が難しくて何を答えていいかわからない。
> ② 誰かが答えるだろうから自分が反応しなくてもよいと考えている。

ここでは②を取り上げて考えてみましょう。

②の学級では、「発問－挙手－指名」で授業が展開されています。発問に対して何人かの子どもが挙手したら、すぐ指名してしまうのです。

このような学級では、誰でも答えられる発問にさえ、数人しか手を挙げなくなっています。

つまり、発問に対する反応が弱い状況をつくっているのは、教師自身なのです。

発問に対する反応をよくしたいと思うのであれば、まず反省すべきは、

> 自分自身の発問や授業展開のまずさ

なのです。

◆授業を改善するポイント

「どこかでだれかが見ていてくれる ― 福本清三」*という教材を扱った授業を参観したときのことです。

資料の前半を読んだところで次の発問が出されました。

> 発問 「斬られ役」を割り当てられ，黙々とやり続ける福本さんは，どんな気持ちだったのでしょうか。

2人しか挙手していない状況で，1人の子どもが指名されました。

反応の早いいつも発表している子どもたちなのでしょう。

このような授業を展開しているからほかの子どもたちは何も考えなくなっていくのです。

このような状況を打開するにはどうしたらいいのでしょうか。

基本は，**「全員が考えを表明せざるを得ない指示を出す」**ということです。

たとえば，次のように展開します。

> 指示 福本さんの気持ちがよくわかる人は4，だいたいわかる人は3，あまりわからない人は2，まったくわからない人は1を書きなさい。

こうすることによって，全員が自分の考えを表明せざるを得なくなります。このあとは，どれを選んだか挙手で確認し，指名して理由を言わせればいいのです。

このように半ば強制的に授業に参加させられているうちに考えることのおもしろさを感じ，多くの子どもが反応するようになってくるのです。

ワンポイントアドバイス

誰でも答えられる発問に対して反応が弱い場合には，一度手を下ろさせて「自分の考えが何も浮かばない人」と問いかけましょう。挙手する子どもがいないことを確認したら，誰を指名してもいいのです。これだけで反応はずいぶん変わってくるはずです。

＊『5年生の道徳』文溪堂，2017年。

Q.11 予想しない意見が出されたとき, どう切り返せばいいですか?

授業中, 子どもたちはさまざまな発言をしてくれます。しかし, 予想しない意見が出されると, どのように扱ったらいいのかわからなくなります。どう切り返せばいいでしょうか。

A. 切り返すポイントは,
① 子どもの意見をそのまま受け止める
② 学級全体に投げかけて判断させる
③ それぞれの子どもたちの判断をもとに議論させる

◆切り返す3つのポイント

　道徳授業は, 子どもたちのさまざまな価値観が表出する時間です。ですから, 教師の予想しない意見が出てくることが多いのです。
　どうしたら, 予想しない意見が出されたとき, 立ち往生せずうまく切り返すことができるのでしょうか。ポイントは3つです。

① 子どもの意見をそのまま受け止める
　一番大切にしたいのは, どのような意見が出されても, まずはそのまま受け止めるという姿勢です。
　予想しない意見が出されたとき,「ほかにありませんか」などと言ってしまうと, 自分が発言しても先生は相手にしてくれないと感じた子どもはだんだん発言しなくなっていきます。
　どのような意見が出されたとしても, 次のように受け止めましょう。

> ・なるほど, そんな考えもあるんですね。

・あなたはそんなふうに考えたんですね。

　肯定も否定もする必要はありません。そのまま受け止めるだけで，子どもは発言してよかったと感じるのです。

② 学級全体に投げかけて判断させる

　予想しない意見やユニークな意見が出されたときに，教師自身で何とかしようと思うとなかなかうまくいきません。こんなときには，学級全体に投げかけて子どもたちに判断させればいいのです。

　次のように展開すれば，どんな意見が出されてもあわてなくなります。

> A君の意見をどう思いますか。なるほどと思ったら〇，自分の意見とちょっとちがうと思ったら×を書きましょう。

③ それぞれの子どもたちの判断をもとに議論させる

　予想しない意見やユニークな意見について，〇×で判断させたら，挙手で人数を確認します。〇か×を選んだということは，何らかの理由があるはずです。そこで，少数派から理由を発表させます。

　理由が出尽くしたところで，相手の意見に対して言いたいことがあれば発言させます。予想しない意見やユニークな意見をめぐって「考え，議論する道徳」になっていきます。議論が落ち着いたら，次のように言います。

> A君がおもしろい意見を出してくれたおかげで，いろいろな考えが出されて授業が盛り上がりましたね。

　このような授業を展開することによって，これまであまり活躍できなかった子どもが活躍するようになってきます。

ワンポイントアドバイス

予想しない意見やユニークな意見が出されたら，授業を深めるチャンスだととらえましょう。試行錯誤を積み重ねていくうちにどの意見を取り上げるべきかが少しずつ見えてくるようになります。

Q.12 効果的な板書をするにはどうしたらいいですか？

板書が羅列的になってしまい，子どもたちにとって意味のある板書になっているのだろうかと不安になります。効果的な板書をするにはどうしたらいいでしょうか。

 考えさせる内容を焦点化し，構造化する

◆何を構造化するか

大学院生の道徳授業を参観しました。教材は「すれちがい」*です。

> **「すれちがい」**（概略）
> 「マミ」は，「えり子」と一緒に書道教室に行く約束をしますが，ちょっとしたすれちがいで，「えり子」は，待ち合わせの場所に時間どおりに行くことができませんでした。書道教室であやまろうとしましたが，「マミ」は知らん顔をしてしまい，2人は仲違いをしてしまいます。

大学院生は次のような板書をしました。

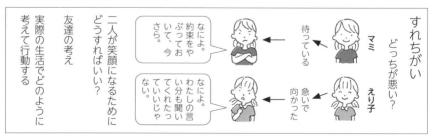

板書を構造化しようとする意図は感じられます。
しかし，この構造化は，2人がすれちがうことになった流れを示しただ

けになっています。構造化すべきことが見えていなかったのです。

◆考えさせたいことを焦点化する

　何を構造化することが重要なのでしょうか。

　ポイントは，**「その教材で考えさせるべき内容を焦点化して構造化する」**ということです。

　そのためには，「その教材ならではのねらいを設定」することが重要です。これができなければ，考えさせるべきことがぼやけてしまうからです。

　この教材のねらいは，次のように設定できます。

　「自分の都合で相手の言動を判断してしまうと『すれちがい』が起きることに気づき，自分に不都合な事態に遭遇しても，まずは相手に何か事情があったのではないかと考えようとする意識を高める」

　このような「ねらい」を設定すると，板書で構造化しなければならないのは，2人の「すれちがい」がなぜ起きてしまったのかという原因を視覚的に示すことであることが見えてきます。

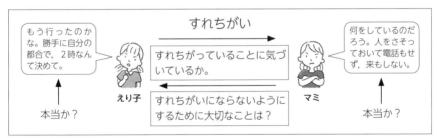

　この教材の場合，お互い相手のことを考えて行動したのに，自分に不都合な事態に遭遇したことが原因で，自分勝手な解釈をしてしまい，「すれちがい」が起きてしまったことがわかるように板書すべきだったのです。

> **ワンポイントアドバイス**
>
> 効果的な板書にする第一歩は，構造化しようという意識をもつことです。このような意識をもって板書を工夫していくうちに，少しずつ板書の腕が上達していきます。

＊『道徳5 きみがいちばんひかるとき』光村図書，2018年。

Q.13 子どもの思考を深めるための ノート活用のコツは何ですか？

道徳のノートをどのように活用したらいいか，よくわかりません。板書を書き写すだけのノートではなく，子どもの思考を深めるノートにするにはどうしたらいいでしょうか。

A. 板書を写させるのではなく，自分の考えを書かせる
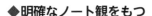

◆明確なノート観をもつ

　何のためにノートを活用するのでしょうか。教師自身が明確なノート観をもたなければ，何となくノートに書かせているだけになってしまいます。
　かつて有田和正氏は，

> ノートは思考の作戦基地である*

と言いました。
　まさしくそのとおりだと思います。ノートは，子どもが新たな考えを発想したり，これまでの考えを深めたりするためにあるのです。

◆基本形を身につけさせる

　「ノートを思考の作戦基地」にするためには，どうしたらいいのでしょうか。ポイントは，次の2つです。
　① **子どもが自由に書ける普通のノートを活用する**
　ワークシートを使った授業をよく目にします。
　ワークシートは，あらかじめ枠組みを設定し，どこに何を書かせるかが決められています。ですから，授業展開がワークシートに縛られてしまい

ます。授業は，教師と子どもが創り出すダイナミックな営みです。ワークシートによって，そのダイナミックさが失われてしまうのです。

　子どもが自由に書ける普通のノートを活用することが「ノートを思考の作戦基地」にする第一歩です。

② ノート活用4つの基本形を身につけさせる

　ノートを最大限活用させるためには，下の書き方の4つの基本形を身につけさせることが大切です。ノートをどのように活用すれば，自分の思考を深められるのかがわからなければ，宝の持ち腐れになってしまうからです。

　そこで，学年初めの段階では，基本形をていねいに指導します。

　たとえば，次のような基本形です。

> 1）本時の課題（最も考えさせたいこと）を書く。
> 2）課題に対する自分の考えを書く。
> 3）友達の意見を聞いて考えたことや学んだことを書く。
> 4）本時で学んだことを書く。

　板書を写すノートではなく，徹底的に自分の考えを書くノートなのです。

　基本形は共通していますが，ノートの内容はその子ども独自の内容になっていきます。基本形を身につければ応用して書くことが可能になるのです。

　ノートを見れば，その時間で，

> 子どもの考えがどのように変容したか，何を学んだか

が手に取るようにわかります。このようなノートをどの子も書けるようになれば，道徳授業の評価などいくらでも書けるようになるのです。

ワンポイントアドバイス

授業後，ノートを集めてサッと目を通し，考えの深まりの見られる子どものノートをピックアップしておきましょう。評価の資料として役立ちます。

＊『教育技術文庫⑦ ノート指導の技術』明治図書，1991年。

Q.14 授業の終末は説諭でまとめるのですか？

授業の終末をどうしたらいいか，いつも迷っています。何か説諭をしたほうがいいのでしょうか。それとも何もしないで余韻を残したほうがいいのでしょうか。

  A. 形式にとらわれず，身近な問題として意識づける

◆授業の終末の意味

授業の終末をどうすべきかで悩む前に考えるべきことがあります。それは，

> 授業の終末の意味

です。

授業の終末でどのような効果を生み出したいのか，そのためにはどうしたらいいのかを考えるのです。

しかし，つい教師が余計なことを言ってしまう授業が目立ちます。

その根底には，今日の授業で子どもたちが大切なことを本当にわかってくれたのだろうか，という不安があります。そこで，ついダメ押しのひと言を言ってしまうのです。しかし，子どもたちにとってわかりきったことを重ねて言っても，ほとんど印象には残りません。

授業で子どもたちが気づいていない新たな視点を示すのであれば，「なるほど，そんな見方もあるのか」と子どもたちの心に響きます。

◆身近な問題として意識づけるポイント

授業の終末で最も大切なことは，**「身近な問題として意識づける」**という

ことです。

このような意識づけができなければ，教材の内容を他人事としてとらえただけで終わってしまい，子どもの言動は変容しません。

どうしたら，身近な問題として意識づけることができるのでしょうか。

ポイントは，次の2つです。

① 自分の現状を自覚させる

教材で新たな認識が生まれたら，その認識をもとに自分の現状を自覚させましょう。

たとえば，教材を活用して「相手の気持ちを理解することは簡単なことではない」という認識が生まれたら，「自分は相手の気持ちを理解することができているのか」を4段階で自己評価させ自覚を促しましょう。

> よく理解できている　4　3　2　1　理解できていない

② どうしたらよい生き方に近づけるかを考えさせる

4段階で自己評価をさせたら，次のように問いかけます。

> 発問1　今のままの自分でいいと思いますか。
> 発問2　4に近づいていくためにはどうしたらいいですか。

この問いに対する答えをあえて発表させる必要はありません。

問いを発したあと，自分なりに考えたことをノートに書かせればいいのです（教師自身の判断で発表させる場合もあります）。

教師自身の経験があれば，4に近づくためにどんな行動をしたことがあるか，参考までに話してもいいでしょう。

ワンポイントアドバイス

教材によっては，自己評価をさせないで，もう一度教材を範読して余韻を残して終わるという方法もあります。大切なことは，終末はこうしなければならないという固定観念をもたないことです。

Q.15 1時間の学びをどのように書かせたらいいですか？

1時間の学びは書かせたほうがいいのでしょうか。書かせるとしたら何をどのように書かせたらいいでしょうか。

 A. 子どもに学びを書かせるときに9つの視点を意識する

◆学びを書かせる意味

1時間の学びを書かせる意味は大きく2つあります。

① 子ども一人ひとりの認識の変容をとらえることができる。
② 子どもの心に学びを深く刻み込むことができる。

子どもの記述内容から，本時のねらいに迫るような認識の変容が読み取れなかったとしたら，それは授業がうまくいかなかったということです。教師の意図したねらいと子どもの学びのずれを分析することによって，**授業改善のヒント**を発見することができます。

また，記述内容からその子どもなりの認識の変容が読み取れる場合には，**評価に活用**することができます。

さらに，次のように活用することも可能です。

活用方法1　学級通信に掲載して，学級全体で共有するとともに，保護者に読んでもらうことで家庭でも話題にしてもらう。
活用方法2　対照的な学びをいくつか選んで教材を作成し，学習内容をさらに発展的に考えさせる授業を行う。

◆学びを書かせるときの９つの視点

　１時間の学びで，子どもたちの多様な学びを引き出すためには，教師自身が多様な視点をもつことが大切です。たとえば，次のような９つの視点です。

> ① 今回の授業で学んだような生き方に少しでも近づいていくにはどうしたらいいか。
> ② これまでの自分が気づいていなかった大切なことは何か。
> ③ 心に深く刻み込まれた言葉は何か（その理由も）。
> ④ 心に残った登場人物は誰か（その理由も）。
> ⑤ これまでの自分は，どの登場人物に近かったか。これからどの登場人物をめざしたいか。
> ⑥ 教材に描かれているような場面に出合ったら，どんな言動をするか。それはなぜか。
> ⑦ 誰の意見をいちばんなるほどと思ったか（その理由も）。
> ⑧ 自分の考えとはちがうけれど，とても考えさせられた意見はどれか。
> ⑨ 今回の授業で学んだような言動をしている友達は誰か。

◆学びの質を高める

　学年初めの段階では，よい学びを書いている子どもの例を，道徳授業がある日の朝の会などを活用して紹介していくようにします。その際，「この学びのどこがいいなあと思いましたか」と問いかけ，子どもたち自身にどのような学びの書き方がいいのかを発見させるようにします。よいモデルから刺激を受けることによって，学びの質が高まっていくのです。

ワンポイントアドバイス

　１時間の学びを書かせたら，すぐ集めて目を通しましょう。よい部分に線を引いてあげたり，時にはひと言書いてあげたりすると子どもたちの意欲が高まります。

Q.16 授業後も子どもの実践的な意欲を持続させるにはどうしたらいいですか？

高まったはずの実践的意欲が，授業後に低下してしまいます。どうしたら持続させることができるでしょうか。

A. 持続させるための仕掛けは，
① 道徳授業で活用した教材を生かす
② 学級通信を活用して学んだ内容を保護者と子どもで共有する
③ 言動の変容が見られた子どもをキャッチして伝える

◆道徳授業はきっかけにすぎない

　道徳授業は，ゴールではありません。
　子どもにこれからの生き方を考えさせるためのきっかけにすぎません。道徳授業をきっかけにして，子どもの実践的な意欲に火が点き，持続していくのです。だから，

| 道徳授業は，実践的な意欲を高めるきっかけである |

ととらえることが大切です。

◆持続させる仕掛け

　ただし，火が点いたからといって，持続するわけではありません。
　持続させるための仕掛けが重要です。ポイントは3つです。

① 道徳授業で活用した教材を生かす

道徳授業で活用した教材で，新たな価値観に気づかせることができたイラストや写真，言葉を教室に掲示して活用するようにしましょう。

たとえば，「仲間だから」（第3章Q.5参照）という教材の挿絵に学んだ内容がわかるように補足して，よく見えるところに掲示します。

そして，友達のために少しでも行動している子どもがいたら，「本当の仲間に近づいていますね」と声をかけるのです。

道徳授業と子どもたちの日常の言動とを結びつけていきましょう。

② 学級通信を活用して学んだ内容を保護者と子どもで共有する

道徳授業をしたら，学級通信に書きます。授業中の子どもの発言や感想を掲載すると，子どもたちは，授業での学びを再確認することができます。保護者にも道徳授業の内容が伝わり，家庭で話題になったりします。保護者を巻き込むことで，さらに実践的な意欲の向上につながります。

③ 言動の変容が見られた子どもをキャッチして伝える

認識の変容を促す道徳授業をすると，何人かの子どもは確実に言動がよい方向に変容します。

その変容を見逃さないようにキャッチして，学級全体に伝えましょう。

たとえば，「ドクターイエロー」の授業（第2章Q.12参照）をしたあとに，学級のためにさりげなく行動している子どもをキャッチしたら，朝の会や帰りの会で次のような話をするのです。

「ドクターイエローをまた1人発見しました。その人は，教室に落ちていた小さなゴミに気づいてサッと拾ったのです。こんなドクターイエローがいるから教室がきれいなんですね」

ワンポイントアドバイス

実践的な意欲を持続させるために最も大切なことは，子どものささやかな変容に気づく教師の目です。気づいたら，変な欲を出さないで教師の感動を率直に伝えましょう。

Column Kenji's Talk 3　入院中も素材発見！

　講演会の後，突然体調を崩し，入院しました。
　緊急オペを受け，約2週間にわたる入院生活でしたが，病院でもいつの間にか素材探しをしている自分がいました（ある意味「病気」ですね）。
　自分でも驚いたことに，20個以上の素材を発見しました。
　素材を分類すると，次の2種類になりました。
　①病院で働く人たちに関連する素材（13個）
　②世の中の出来事に関連する素材（10個）
　入院していると，医師，看護師，看護助手，薬剤師，管理栄養士，清掃員，寝具業者など，さまざまな職種の人と接する機会が多くなります。私の病棟のスタッフは初任者からベテランまで50～60人ほどでしたが，その仕事ぶりを眺めていると，いろいろなことを考えさせられました。

　右の写真は，寝具業者の方が病室に持ってきてくださったラベンダーです。この方は，自宅にたくさんの花が咲いているらしく，病院のあちこちに切り花を持ってきて飾っていたのです。好意でこのようなことをされている姿に感銘を受けました。
　看護師副主任のKさんは，必ずベッドまわりをていねいに拭いてくれました（ほかの看護師が担当のときにはしていません）。清掃員の方の仕事は，ゴミ捨て，トイレ掃除，床掃除だけなので，ちょっとした気遣いでしてくれていたのでしょう。
　このお二人に共通しているのは**自分の仕事＋α**をしているということです。このような方々のちょっとした＋αが患者を勇気づけるのです。
　もちろん，マイナス面の仕事ぶりもいくつも目にしました。それらも仕事とはどうあるべきかを考える大切な素材になります。
　1日の大半をベッドで寝ている入院生活でも，素材発見はできるのです。

第4章

道徳授業を成功させる
評価

Q.1 的確な評価をするために心がけることは何ですか?

道徳が教科になり,評価をしなければならなくなりましたが,的確な評価ができるか不安です。的確な評価をするために心がけることは何でしょうか。

A. 道徳の評価のポイントは,
　① 評価の基本を意識する
　② 子どもの認識の変容を促す道徳授業を行う
　③ 評価に値する授業だったのか,振り返る

◆評価の基本を意識する

　道徳授業で的確な評価をするための心がけの1つめは,**「評価の基本を意識する」**ことです。

　何のために評価をするのか,このような根本的なことをふまえないまま,評価をどうするかだけを考えても,的確な評価をすることはできません。

　道徳授業の評価について,『「特別の教科　道徳」の指導方法・評価等について(報告)』*では,次のように述べています。

- 評価とは,児童生徒の側から見れば,自らの成長を実感し,意欲の向上につなげていくものであり,教師の側から見れば,教師が目標や計画,指導方法の改善・充実に取り組むための資料となるものである。
- 道徳性の評価の基盤には,教師と児童生徒との人格的な触れ合いによる共感的な理解が存在することが重要である。(p.7)

これをわかりやすく図示すると次のようになります。

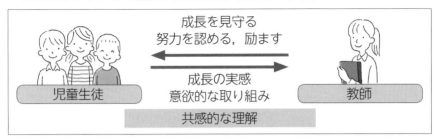

　図をよく見ると気づくことですが，これがすべての評価の基本的な考え方であり，本来，どの教師も日常的にやっているはずのことです。
　しかし，道徳の評価が注目されたため，評価をどうすればいいのかという部分だけが注目され，学校現場に不安が広がってしまったのです。
　まずは，評価の基本を意識しましょう。評価に対する不安が軽減されるはずです。

◆評価に値する道徳授業をめざす

　道徳授業で的確な評価をするための心がけの2つめは，**「子どもの認識の変容を促す道徳授業を行う」**ことです。
　大切なのは，評価をどうするかではなくて，道徳授業をどうするか，ということなのです。子どもの認識が変容するような道徳授業を行えば，評価などそれほど難しくありません。子どもの認識がこのように変容したということを書けばいいからです。
　ですから，私たち教師は，**「評価に値する道徳授業だったのかを振り返る」**ことが大切なのです。

> **ワンポイントアドバイス**
>
> 認識の変容を促された子どもが1人でもいたら，ありがたいと受け止めましょう。そこが的確な評価への第一歩です。何とかしなければという焦りは禁物です。じっくり取り組んでいきましょう。

＊道徳教育に係る評価等の在り方に関する専門家会議，2016年7月22日。

Q.2 子どもが書いた学びをどのように読み取ればいいですか？

授業の終末で，子どもたちに本時の学びを書かせています。しかし，その学びをどのように読み取ればいいのかがよくわかりません。どのように読み取ればいいのでしょうか。

子どもの学びを読み取るポイントは，
① その子なりの新たな気づきがあるか
② これまでの自分を振り返ろうとしているか
③ 今後の自分の生き方に生かそうとしているか

◆学びを読み取るポイント

授業の終末で，本時の学びを書かせている教師は多いことでしょう。しかし，せっかく書かせた学びを的確に読み取ることができなければ，そのあとの活用もうまくできません。

最も大切なことは，「**その子なりの新たな気づきがあるか**」ということです。

新たな認識が芽生えたり，これまでの認識が深まったりすれば，それが新たな気づきとして，学びの言葉に表れます。そして，その新たな気づきが強く心に刻み込まれた子どもほど，その気づきをもとに「**これまでの自分を振り返り**」，「**今後の生き方に生かそうとする**」気持ちが高まります。それが学びの言葉に表れるのです。

◆学びを読み取る

次のページに示したのは，ある中学校で「ガマンしている人がいます」という授業をしたときに生徒が書いた学びです*。

周りに目を向けると，がまんしている人がとても多いこと，そして
それを直すには，一人ひとりが善をとおすことが必要だと思いました。
僕のクラスには，自分勝手な人がとても多く，正直一番がまんしてい
る人が多いクラスだと思います。その人たちは注意されても学習しな
い人で，僕はそれをできるかぎりなおしてあげたいです。

この学びを先に挙げた３つのポイントで読み取ってみましょう。

読み取るときに大切なことは，

子どもの気づきや思いを１文ごとにとらえる

ということです。

　ここでは，２文目と３文目を取り上げて考えてみましょう。

　「僕のクラスには，……クラスだと思います」（２文目）

　この生徒は，授業で「身近なところにがまんしている人がいる」という
新たな視点を得たことで，自分の身の回りや学級を見つめ直しています。
そして「僕のクラス」という言葉から，ほかのクラスと比較して自分のク
ラスの実態を厳しくとらえていることがうかがえます。

　「その人たちは……なおしてあげたいです」（３文目）

　この文からは，なぜ自分勝手な人が変わらないのかを自分なりに考え，
自分がアプローチしなければという強い意志を感じます。

　このように一文一文に目を向けていくことによって，子どもの書いた学
びを的確に読み取る力がついてきます。こうした読み取りの積み重ねが，
生徒に成長を実感させたり，よりよい評価に生かしたりすることにつながっ
ていくのです。

ワンポイントアドバイス

　子どもの表現は稚拙ですが，ちょっとした文の端々にその子どもなり
の気づきや思いが表れています。その気づきや思いをしっかり受け止
めて「いい学びをしていたね」と伝えましょう。

＊授業プランは，拙著『必ず成功する！ 新展開の道徳授業』日本標準，2014 年を参照。

Q.3 通知表の所見を書くコツは何ですか？

通知表に道徳科の評価として所見を書くことになりましたが、何をどのように書けばいいか、よくわかりません。書き方のコツを教えてください。

A. 通知表所見を書くポイントは、
① 子どもに成長を伝える
② 保護者に子どもの成長やサポートのヒントを伝える
③ 次の課題に取り組む意欲を高める

◆通知表所見を書く目的

通知表所見を書く目的は、子どもの成長やこれから取り組むべき課題を子どもや保護者に伝え、次への一歩を踏み出せるようにすることです。こうした所見を書くためには、上記のような意識をもつことが大切です。

◆通知表所見に書く材料を集める

子どもや保護者にとって意味のある通知表にするためには、「通知表所見に書くに値する材料を集める」ことが重要になってきます。次の3つの視点で、材料を集めましょう。

① 授業中の発言や態度

まずは、授業中の子どもの発言や態度をしっかりとらえましょう。次のような姿に気づくことができるはずです。

- 友達の考えを取り入れて、自分の考えを深める姿
- 友達の考えに納得し、柔軟に自分の考えを修正していく姿

●自分の考えが少数派でも，しっかり主張して，学級に影響を与える姿

授業中の発言や態度からとらえた気づきをもとに「このような姿が見られるようになった」ということを書きましょう。

② 授業の終末に書いた学び

授業の終末で書かせた学びは，通知表所見を書くときに大いに役立ちます。

「ガマンしている人がいます」（第4章Q.2参照）の授業では，次のような学びを書いている生徒がいました。

私は道徳をして，知らないうちにもしかしたら人にめいわくをかけているかもしれないと思いました。

また，めいわくをかけないようにするために，……よく考えてから行動するようにしたいです。

この学校が……いい学校になるようにがんばっていきたいです。

この学びをもとに所見を書くとしたら，読み取るポイント（同Q.2参照）を生かして，次のように書くことができます。

謙虚な気持ちで，これまでの自分の行動を振り返ろうとする姿勢をもつことができました。また，自分のことだけでなく，学校全体のために努力したいという強い意志を感じました。

③ 授業後の言動の変容

認識の変容を促された子どもは，言動が少しずつよい方向に変わっていきます。その姿をとらえて，「道徳授業での学びを生かしてこんな言動が見られるようになった」ということを書きましょう。

ワンポイントアドバイス

通知表は，子どもや保護者を勇気づけるものです。そのためには，子どものささやかな成長を，温かな目でとらえることが大切です。とらえた成長を精一杯の思いを込めて表現しましょう。

Q.4 道徳教育を保護者と連携するにはどうしたらいいですか？

学校だけで道徳教育に力を入れても，子どもたちの心を育てるには限界があるように思います。保護者と連携して道徳教育を進めるにはどうしたらいいでしょうか。

A. 学級通信を活用して，担任の教育観を伝える

◆保護者との連携

　道徳教育は，学校だけではできません。保護者と連携し，家庭教育を充実してもらうことによって，子どもの心は育っていきます。

　日常的に連携を深めていくために，最も効果を発揮するのは，**「学級通信の活用」**です。学級通信は多くの保護者が関心をもっており，**「学級担任の教育観を効果的に伝える」**ことができるからです。

◆学級通信を活用するポイント

　学級通信を活用するためには，何を書くかが重要です。保護者がなるほどと思ってくれるような内容にしていかなければ，効果は表れません。

　ポイントは次の5つです。

> ① 学級担任の教育観をわかりやすく書く。
> ② 子どものささやかな成長の様子を具体的な言動をとらえて書く。
> ③ 道徳授業の様子を，教室の情景が浮かぶように書く。
> ④ 道徳授業における子どもの学びを教師が意味づけて書く。
> ⑤ 学級通信に対する感想を，ほかの保護者の参考になるように書く。

①について

まずは，学級担任の教育観をわかりやすく伝えることが重要です。

このとき大切なのは，このような指導をしたら，子どもたちの言動がこう変容したという具体例を書くということです。理想論だけを書いても保護者には伝わりません。

②について

子どもたちは日々成長していきます。ささやかな成長は，日常のちょっとした言動に表れます。それをしっかりキャッチして書くのです。

たとえば，「さりげなくゴミを拾う子」「ぞうきんをきれいに並べている子」「低学年にやさしい言葉をかけている子」などです。

このような子どもの言動を伝えると，それがわが子を見るときの視点になっていきます。保護者にとっては，わが子の成長をこんなふうにとらえてあげればいいのか，という学びにつながります。

③④⑤について

道徳教育で保護者と連携するために，最も重要な位置づけになるのが道徳授業です。道徳授業の様子を，教室の情景（子どもの発言や表情，雰囲気など）が目に浮かぶように伝えましょう（③）。

授業における子どもの学び（授業の終わりに書かせたものなど）を載せると大きな効果を生み出します。このとき大切なのは，子どもの学びに教師が意味づけをすることです。その学びにどんな意味があるのかを教師ならではの視点で書くことで，道徳授業の意味がより深く伝わります（④）。

このような学級通信を書くと，感想などを書いてくれる保護者も出てくるようになります。その感想を学級通信で紹介します。道徳授業に対する保護者の受け止め方を紹介することによって，ほかの保護者にもよい影響を与えることができます（⑤）。(p.96 コラム参照)

ワンポイントアドバイス

最初からよい学級通信を書こうとするより，まずは，子どものささやかな成長に感動した教師の思いを率直に書くところから始めましょう。

> # Q.5 参観日を効果的に活用するにはどうしたらいいですか？
>
> 道徳の評価をするにあたって、保護者の理解を得ることが大切だと考えています。参観日は、保護者の理解を得る絶好の機会だと思いますが、効果的に活用するためには、どうしたらいいでしょうか。

A. 保護者に理解を得るポイントは，
　① 道徳授業はおもしろいと感じてもらう
　② 子どもの成長している姿を実感してもらう
　③ 学級懇談会で道徳授業の意図を伝える

◆参観日で行う道徳授業の３つのポイント

　参観日は，保護者に対する説明責任を果たすための最も重要な機会です。ですから，参観日で意識しなければならないのは，次の３つです。

① 道徳授業をおもしろいと感じてもらう

　道徳教育の重要性をどれだけ言葉で伝えても，保護者にはあまり伝わりません。最も伝わるのは，道徳授業を参観してもらって，「おもしろい！」と感じてもらうことです。学級担任をしていたときの忘れられない保護者の言葉があります。それは，授業参観が終わったあと，子どもたちに「おばちゃんも明日から机を並べて一緒に勉強したい」と言った言葉です。

　このように道徳授業のおもしろさを保護者に感じてもらうためには，

> 保護者参加型の道徳授業を行う

ことがポイントとなります。

　保護者参加型といってもそんなに難しいことではありません。たとえば，

選択肢を子どもたちに提示したときに，保護者にも選択してもらうのです。

　子どもたちの選択肢の分布と大きくずれていたりするとなかなかおもしろくなってきます。時には保護者に意見を求めてみましょう。保護者から出された意見を子どもたちに問い返して議論に発展したこともあります。

　このような道徳授業を展開すると，保護者もおもしろさを実感してくれるようになるのです。

② 子どもの成長している姿を実感してもらう

　参観日に来る保護者は，わが子の成長を見にきています。ささやかな成長であっても保護者はとてもうれしく感じます。成長している姿を実感してもらうことによって，保護者は道徳授業の意義を感じてくれます。

　成長を実感してもらえる道徳授業とは，魅力的な教材で，全員が参加し，多様な考えが出され，認識が変容していく授業です（これまで本書で述べてきた道徳授業づくりのポイントです）。

③ 学級懇談会で道徳授業の意図を伝える

　授業後の学級懇談会の話題として，道徳授業で活用した教材や授業の意図，子どもたちの変容などを取り上げましょう。このとき大切なのは，

子どもの発言や記述内容などを教師ならではの視点で意味づける

ということです。

　たとえば次のような視点です。

　① 友達の意見を深くうなずきながら聴いていた。

　② 友達の意見を生かして，深い学びをすることができた。

　③ 少数派なのに，自分の意見をしっかり主張していた。

　こうした意味づけから保護者はわが子の成長を感じ取ってくれるのです。

ワンポイントアドバイス

せっかく保護者が参観してくれたのですから，家庭にまで話題が広がるようにしましょう。たとえば，学級懇談会で「家庭でこんなことも子どもと一緒に考えてみては」という提案をしてもいいでしょう。

第4章

道徳授業を成功させる評価

Column Kenji's Talk 4　通信が大きな波及効果を生む

子どもの育ちをとらえて通信で伝えましょう。子どもにも保護者にも大きな波及効果を生み出します。下は，校長時代に発行した通信です。

かまきりの恩人

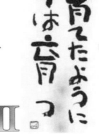

N市立O小学校
子育て通信Ⅱ　No.28
平成22年12月8日
校長　鈴木健二

　校門坂の坂道を車で下ろうとした時だった。
　３年生のTさんとMさんが、
　「キャーッ」
と叫ぶような表情で、私の顔を見た。
　何か大切なものを、轢いてしまったのかも…と思って、あわててブレーキを踏んだ。
　車から降りて
　「どうしたの？」
とたずねた。たまたま玄関から出てきたY先生とI先生は、交通事故でも起きたのかと驚いてかけつけてきた。
　もう少しで踏みつぶしそうになっていたのは、かまきりだった。
　二人は、かまきりが道の真ん中（横断歩道を渡ろうとしていた？）にいるのを発見して、車に轢かれないように逃がしてやろうとしていたのだった。しかし、こわくて、うまく逃がしてあげることができず、おろおろしていたところに、私の車がやってきたので、道脇によけたが、かまきりが、車の下敷きになってしまったと思って「キャーッ」という表情になったのだった。
　おそるおそる車の下をのぞきこんだ二人は、ホッとした表情で、
　「轢かれてなかった！」
とつぶやいた。
　「かまきりは、こわいけど、助けてあげたい」
そんな気持ちが伝わってきて、心がなごんだ。
　二人が、かまきりを救出するのを見届けて（通りかかった６年生も手伝ってくれた）、出張先に向かった。
　ささやかなことだが、こんなところから、命を大切にしようという気持ちが育っていくのだろうと思った。

かまきり救出作戦を展開中の二人

第5章

道徳授業を成功させる
年間指導計画

Q.1 同じ内容項目を複数回扱うときのポイントは何ですか？

同じ内容項目を，１年間で複数回扱う場合があります。同じような「ねらい」になってしまいそうですが，扱うときのポイントは何でしょうか。

同じ内容項目を複数回扱うポイントは，
① その内容項目を多様な視点でとらえられるようにする
② 学びを積み重ねていけるようにする

◆内容項目を多様な視点でとらえる

　学校で重点的に指導したい内容項目については，１年間で複数回授業で取り上げることになります。このとき陥りやすいのは，次のようなことです。

| 同じような「ねらい」の繰り返しになってしまう |

　「親切，思いやり」（小学３・４年）という内容項目を取り上げる場合で考えてみましょう。学習指導要領には，次のように書いてあります。
　「相手のことを思いやり，進んで親切にすること」
　教材によって，さまざまな思いやりや親切を取り上げているにもかかわらず，学習指導要領の表現を少しアレンジしただけの「ねらい」を書いている指導案が多く見られます。これでは，どの教材でも，「思いやりや親切が大切」という授業を繰り返すことになってしまいます。
　同じ内容項目を複数回取り上げるときに大切なのは，「**その内容項目を多様な視点でとらえられるようにする**」，「**学びを積み重ねていけるようにする**」ということです。

◆その教材ならではの「ねらい」を設定する

　ある教科書では，「親切，思いやり」という内容項目で，「つながるやさしさ」「心と心のあく手」の２つの教材を掲載しています*。

> **「つながるやさしさ」**（概略）
> 　４年生のしおりは，１年生の自分をお世話してくれた上級生のことを思い出し，登校時に泣いている１年生と一緒に登校するようになる。

> **「心と心のあく手」**（概略）
> 　はやとは，おばあさんに荷物を持ちますと声をかけるが断られる。母からおばあさんは不自由な体で歩く練習をしていると聞き，再び見かけたとき，はやとはおばあさんが家に着くまであとをついていく。

　２つの教材をよく読むと，「親切，思いやり」の形がちがうことに気づきます。この気づきをもとに，その教材ならではの「ねらい」を設定します。

> **「つながるやさしさ」のねらい**
> 　自分がしてもらったやさしさを別の誰かにしてあげるすばらしさに気づき，自分もやさしさを誰かにつないでいこうとする気持ちを高める。

> **「心と心のあく手」のねらい**
> 　手を差し伸べるだけが親切ではないことに気づき，相手の状況を見守りながら親切にしようとする意識を高める。

　このように，その教材に描かれている「親切，思いやり」の形を明確にして，子どもの認識が積み重なるようにしていけばいいのです。

ワンポイントアドバイス

同じ内容項目でも，教材によって取り上げている状況がちがいます。「ちがいは何か」という意識をもって教材を読みましょう。

＊『小学どうとく４　はばたこう明日へ』教育出版，2018 年。

第5章　道徳授業を成功させる年間指導計画

Q.2 教科書教材がつまらなくても、必ず使わなければいけないのですか？

教科書教材で、あまりおもしろいとは思えないものもありますが、必ず使わなければいけないのでしょうか。

 教材の見方を変えて、おもしろさを発見する

◆おもしろさを見つける意識をもつ

　教科書が作られましたが、内容はこれまでの副読本教材とあまり変わらず、「おもしろい教材が掲載されるのではないか」と思っていた教師にとっては、期待はずれかもしれません。

　しかし、つまらないと決めつけてしまったら、その教材のおもしろさを発見できなくなってしまいます。

　まず意識したいのは、

> つまらないと思った教材にも、おもしろいところがあるのではないか

と考えることです。

　どこかおもしろいところがあるのではないかと考えて読んでみると、意外と思わぬ発見があるものです。おもしろいところが発見できれば、そこをポイントにして授業をつくることが可能になります。

◆ある教師からの相談

　ある教師から次のような相談を受けました。

　「この『母の仕事』*という教材をどう読んでも、あまりおもしろいと思え

なくて，どうやって授業したらいいかわかりません」

「母の仕事」（概略）

　市役所の移動入浴サービスで看護師の仕事をしている母から腰の
マッサージを頼まれるようになったひろ子は，「仕事をやめればいいの
に」と言います。しかし，その言葉を聞いた母は，自分の仕事がいか
にやりがいのあるものかを楽しそうな表情で語ります。

　その教師は，母が仕事に対するやりがいを語っているだけで，子どもた
ちにはピンとこないのではないか，と考えたのです。

◆教材の見方を変える

　しかし，教材の見方を変えれば，おもしろいところに気づくことができ
るのです。

　寝たきりの人たちを入浴させるきつい仕事なのに，なぜ母がやりがいを
感じているのか，人は何のために仕事をしているのかを考えさせることに
よって，働くことの意義に気づかせることができるのです。

　ここから，どんな思いが仕事の質を高めるのか，自分はどんな思いで学
級や学校の仕事をしてきたのかを考えさせれば，仕事に対する子どもの認
識を変容させることが可能になります。

　「この教材はつまらない」と決めつけず，**「教材の見方を変えて，おもし
ろさを発見する」**という意識をもちましょう。

　そのような意識が思わぬ魅力の発見につながり，使ってみようという意
欲につながるのです。

ワンポイントアドバイス

いくら読んでもその教材の魅力を発見できない場合もあると思います。
そんな場合には，その教材に替わる教材を見つけるしかありません。
そのようなときに身近な素材発見の積み重ねが生きてきます。

＊『小学道徳　生きる力　6』日本文教出版，2018年。

Q.3 道徳授業と各教科等を効果的に関連づけるにはどうしたらいいですか？

道徳授業と各教科等を関連づけて実践したいのですが，どうしたら効果的に関連づけることができるでしょうか。

A. 道徳授業と各教科等を関連づける視点は，
　① 各教科等の教材と関連づける
　② 内容項目で関連づける

◆関連づける目的

　道徳授業と各教科等を関連づける目的は何でしょうか。ここが明確になっていないと，「何となく関連づけた」で終わってしまいます。

　『小学校学習指導要領解説　特別の教科　道徳編』（文部科学省，2017年）では，道徳授業と各教科等との関連について次のように述べています。

> 　年間にわたって位置付けた主題については，各教科等との関連を図ることで指導の効果が高められる場合は，指導の内容及び時期を配慮して年間指導計画に位置付けるなど，具体的な関連の見通しをもつことができるようにする。(p.75)

　考えなければならないことは，**「各教科等との関連を図ることで指導の効果が高められるかどうか」**なのです。

◆関連づける視点

　各教科等とどのように関連づければ，指導の効果が高められるのでしょ

うか。次の2つの視点が重要です。

視点1 各教科等の教材と関連づける

　各教科等の教材と関連づける場合には，その教材の本質を読み取ることが大切です。たとえば，道徳授業と「ごんぎつね」を関連づけたいのであれば，「ごんぎつね」が何を伝えようとしているかを読み取ることになります。

　「ごんぎつね」が，「人はなかなかわかり合えない」ということを伝えようとしている教材であると読み取ったのであれば，道徳授業で関連づけたい教材は，なかなかわかり合えない状況を描いたものになります。

　このような視点で，教科書教材を見れば，どの教材と関連づけることが効果的なのかが見えてくるのです。

視点2 内容項目で関連づける

　重点指導項目を設定している学校は多いと思います。

　たとえば，「思いやり」を重点指導項目として設定している場合には，どのように各教科等との関連を図ればいいのでしょうか。

　大切なのは，

> 各教科等の授業で「思いやり」を意識した指導を位置づける

ということです。

　友達が発表しているときにどのように聴くことが「思いやり」なのか，学習内容をよく理解できない友達がいる場合にどんな行動をすることが「思いやり」なのかというようなことを意識して日々の授業を展開するのです。

　このような意識をもって日々の授業を展開することによって，「思いやり」の心が少しずつ育っていくのです。

ワンポイントアドバイス

各教科等と関連づけるときに，意識すべき点は，無理矢理関連づけないということです。無理矢理関連づけると「道徳くさい教科」になってしまいます。その教科の目標を大切にすることが基本です。

第5章 道徳授業を成功させる年間指導計画

Q.4 道徳授業と行事等を効果的に関連づけるにはどうしたらいいですか？

行事と道徳授業を関連づけて指導したいのですが、どうしたら効果的に関連づけることができるのでしょうか。

A. 行事に取り組む意識が高まるよう、行事内容に即した道徳授業を行う

◆行事と道徳授業を関連づける意義

　ある中学校で、職場体験学習の事前指導を参観したことがあります。

　そこで指導されていたのは、「その職場で体験させてもらうときに気をつけることは何か」などという内容がほとんどでした。これだけでは、職場を体験してきただけで終わってしまい、学びが深まりません。

　そこで、職場体験学習の前に道徳授業を行って意識を高め、学びが深まるようにするのです。

　たとえば、イタリアンシェフの落合務さんの生き方を教材として取り上げた「今の学びが未来をつくる」＊の授業を行います。

　落合さんが一流のシェフになるために、大きな力を発揮したのは、若いころにイタリアで修業したときに学びを書き綴ったノートでした。

　この道徳授業と職場体験学習を関連づけることによって、子どもたちは、職場で自分の未来に生かすための学びをしようという意識を高めるはずです。

　行事と道徳授業を関連づけることによって、**「行事に取り組む意識が高まり、学びが深くなる」**のです。

◆行事と道徳授業を関連づける時期

行事と道徳授業を関連づける時期は，大まかに言えば次の3つです。

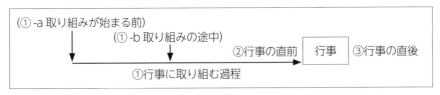

行事によって，どの時期に道徳授業を位置づけるかは変わってきます。運動会などの大きな行事の場合には，本番までの過程が長期にわたるので，①②③のすべての時期で道徳授業と関連づけるとより効果が高まります。特に①に取り組む過程では，上図のように2回関連づけてもいいでしょう。

ここでは，運動会の直前に道徳授業を関連づける例を挙げておきます。

運動会であれば，結果はどうであろうと最後まで全力で取り組んでほしいと思う教師が多いはずです。

そこで，「出し切ったビリ争い」**の授業と関連づけます。

> 「出し切ったビリ争い」（概略）
> リオ五輪の男子マラソンで，追い上げてきたヨルダンの選手から励まされた猫ひろし選手は気力を取り戻し，2人はゴールまでデッドヒートを演じ，ビリ争いであるにもかかわらず，スタンドは大歓声に包まれた。

このような道徳授業を運動会直前に行うことで，たとえビリになったとしても全力でやり抜くことによって，自分自身が達成感を味わうだけでなく，見ている人たちに大きな感動を与えることに気づきます。本番での取り組む姿勢が変わるはずです。

ワンポイントアドバイス

行事と関連づける道徳授業は，1時間扱いの道徳授業ばかりでなく，10分間程度の「小さな道徳授業」も活用しましょう。朝の会や帰りの会などを使って，少しずつ意識を高めていくことができます。

＊　拙著『必ず成功する！新展開の道徳授業』日本標準，2014年参照。
＊＊　拙著『道徳授業をおもしろくする！』教育出版，2017年参照。

> Q.5 年間指導計画について学年や学校で共通理解を図るにはどうしたらいいですか？
>
> 道徳科の年間指導計画の柔軟な取り扱いについて，学年や学校で共通理解を図るにはどうしたらいいのでしょうか。

 A. 年間指導計画を「成長」させる視点をもつ

◆年間指導計画を「成長」させる

　多くの学校では，道徳の教科化に伴い，年間指導計画を作成していることでしょう。しかし，その多くは，教科書会社が提供している年間指導計画例をもとに作成されているのではないでしょうか。

　つまり，現段階は，年間指導計画のお試し期間なのです。お試し期間であるにもかかわらず，一度作成したからずっとそのままでは，道徳授業の充実・発展は望めません。年間指導計画は，あくまでも計画です。**「よりよい年間指導計画に『成長』させていくことが大切」**なのです。

　これが，年間指導計画を共通理解する第１段階です。

　年間指導計画を成長させるにはどうしたらいいのでしょうか。

　大切なのは，**「その学校ならではの教材を位置づける」**ということです。

　こうすることによって，教科書会社が作った年間指導計画を，その学校ならではの年間指導計画に成長させられるのです。

　これが，年間指導計画を共通理解する第２段階です。

◆その学校ならではの教材を位置づける

　その学校ならではの教材を位置づけるためには，**「『小さな道徳授業』を**

活用する」ことが効果的です。

　いきなり「その学校ならではの教材を位置づける」ことはハードルが高いので，「小さな道徳授業」から始めるのです（第2章Q.8参照）。

　「小さな道徳授業」は，朝の会などで実践できる授業なので，教育課程を気にすることなく，自由な発想で授業づくりに挑戦することができます。

　「小さな道徳授業」の開発に取り組むことが，1時間の道徳授業の開発につながります。

◆年間指導計画へ位置づけるポイント

　「小さな道徳授業」が1時間の道徳授業に発展したら，学年で話し合って，年間指導計画に位置づけていきましょう。

　『小学校学習指導要領解説　特別の教科　道徳編』（文部科学省，2017年）では，「教材の変更」について以下のように述べています。

> 　主題ごとに主に用いる教材は，ねらいを達成するために中心的な役割を担うものであり，安易に変更することは避けなければならない。変更する場合は，そのことによって一層効果が期待できるという判断を前提とし，少なくとも同一学年の他の教師や道徳教育推進教師と話し合った上で，校長の了解を得て変更することが望ましい。（p.76）

　教材開発した授業プランを学年で話し合って，「一層効果が期待できるという判断」ができたら，年間指導計画に位置づけていけばいいのです。

　位置づけ方としては，年間指導計画に位置づけられている教材と入れ替える方法と並行して位置づける方法とがあります。

　学校の実態に合わせて，年間指導計画を成長させていきましょう。

ワンポイントアドバイス

質の高い年間指導計画に成長させるためには，子どもの心に響く教材の開発が欠かせません。本気で道徳授業を充実させたいと考えている校長であれば，意欲的な教師の挑戦を必ず応援してくれます。

Q.6 自作教材を使いたいとき、どのように理解を得ればいいですか？

自作教材で、子どもが本気になる道徳授業をしたいと考えています。どのように理解を得ればいいでしょうか。

A. 理解を得るポイントは、
① 年間指導計画との整合性を確認する
② 授業プランを作成する

◆学習指導要領を活用する

　自作教材への理解を得るためには、学習指導要領を活用することが効果的です。小学校学習指導要領「特別の教科　道徳」では、教材開発について次のように述べています。

> 　児童の発達の段階や特性、地域の実情等を考慮し、多様な教材の活用に努めること。特に、生命の尊厳、自然、伝統と文化、先人の伝記、スポーツ、情報化への対応等の現代的な課題などを題材とし、児童が問題意識をもって多面的・多角的に考えたり、感動を覚えたりするような充実した教材の開発や活用を行うこと。(p.171)

　この記述をもとに、次の視点で自作教材への理解を得ていくのです。

① 現代的な課題を取り上げた教材
② 問題意識をもって多面的・多角的に考える教材
③ 感動を覚える教材

たとえば，次のように提案します。

「生命倫理について子どもたちに深く考えさせることができる教材を見つけました。生命倫理は，学習指導要領の"現代的な課題"の一つです。この教材を活用して，考え，議論する道徳にチャレンジしたいと思います」

「ある本で，すごく感動する話を読みました。学習指導要領でも"感動を覚えたりする"教材の活用を勧めているので，活用してみたいと思います」

◆自作教材への理解を得る２つのポイント

① 年間指導計画との整合性を確認する

次の２つの視点で整合性を確認しておきましょう。

ア）年間指導計画に位置づけられている教材は何か。

イ）ア)の教材以上の効果を得ることが期待できる教材か。

このような確認をしたうえで，活用したい自作教材の魅力を自分なりに説明できるようにしておけば，学年教師の理解を得やすくなります。

② 授業プランを作成する

自作教材を効果的に活用することができる授業プランを，誰でも活用できる形で作成しましょう（できれば授業プランを読んだ教師がやってみたくなるように）。自作教材だけでなく，授業プランを提案することによって，説得力が高まります。

このような手順を踏んで提案すれば，大方の教師は賛同してくれます。

道徳教育に力を入れたいと考えている校長や道徳教育推進教師も，意欲的なチャレンジを応援してくれるはずです。

理解を得られた自作教材の授業プランは，年間指導計画に位置づけておきましょう。次回の実践がやりやすくなります。

> **ワンポイントアドバイス**
>
> 自作教材だけでなく，道徳授業の実践例が掲載されている本の中から活用したい場合も，理解を得る手順は同じです。このような提案の積み重ねをしていくことで，さらに理解を得やすくなります。

Q.7 道徳教育推進教師としての役割を果たすためのポイントは何ですか？

道徳教育推進教師になりましたが，何をしたらよいかよくわかりません。役割を果たすためのポイントは何でしょうか。

A. 道徳教育推進教師の役割のポイントは，
① やってみたくなる授業プランを紹介する
② 興味のわく素材を提供する
③ 道徳授業を公開する

◆道徳教育推進教師の役割

　ある道徳教育推進教師から次のような相談を受けたことがあります。
　「道徳授業に真剣に取り組んでくれない教師が多いのですが，どうしたらいいでしょうか」
　それは，多くの教師が次のような気持ちをもっていることが原因です。

- ・道徳授業はつまらないと思い込んでいる。
- ・道徳授業をやって手応えを感じたことがない。
- ・子どもたちも真剣に考えてくれない。

　道徳教育推進教師の役割は，このような意識を払拭するために，

道徳授業はおもしろい！

と思ってもらえる仕掛けをすることです。

◆3つの仕掛けで意識を変える

道徳授業はおもしろい！と思ってもらうにはどうしたらいいのでしょうか。
次の3つの仕掛けが大切です。

① やってみたくなる授業プランを紹介する

道徳授業であまり手応えを感じたことがない教師も，できれば手応えを
感じるような授業をしたいと思っています。

このような教師に対して効果的なのが，「やってみたくなる授業プランを
紹介する」ことです。まずは，道徳授業の実践書の中から，おすすめの授
業プランを探しましょう*。

「こんなおもしろそうな道徳授業があるのか」と思ってもらうことが意識
を変える第一歩になります。

② 興味のわく素材を提供する

身の回りには，新聞記事，ポスター，絵本など，道徳授業に活用できる
素材がたくさんあります（詳しくは第2章Q.11，Q.12参照）。そのような素材
の中からおもしろそうなものを提供しましょう。

これらの素材を，朝の会などのちょっとした時間を活用して子どもたち
と楽しんでもらうようにするのです（第2章Q.8参照）。

③ 道徳授業を公開する

これが一番ハードルの高い仕掛けです。しかし，道徳授業を参観しても
らって，おもしろさを実感してもらうことが最も大きな効果を生み出します。

自分で開発した授業プランでなくてもいいのです。①で紹介した授業プ
ランの中から，やりやすいものを選んで授業を公開しましょう。

3つの仕掛けで，確実に教師の意識が変わっていくことでしょう。

> **ワンポイントアドバイス**
>
> ①と②の仕掛けは，持続することが大切です。そのためには，「道徳通信」
> （道徳授業の情報を提供する通信）を発行することをおすすめします。

＊たとえば，拙著『必ず成功する！新展開の道徳授業』（日本標準）には，魅力的な授業プランを
誰でもすぐ実践できる形式で豊富に掲載しています。

[著者紹介]

鈴木健二（すずき　けんじ）

愛知教育大学教育実践研究科教授

宮崎県生まれ。公立小学校教諭，指導主事，校長等を経て，現職。大学院では，道徳教育，学級経営の授業を担当し，質の高い授業づくりの実践的研究を進めている。その一つである学級通信分析ゼミには，やる気のある現職教師や大学院生が集まっている。子どもが考えたくなる，実践したくなる道徳授業づくりに定評があり，全国各地の教育委員会や小中学校に招かれ，講演会等を行っている。30年以上前に結成した「日向教育サークル」で代表を務めながら，現在も活動している。

主な研究分野は，「子どもの心に響く道徳教材の開発」「子どもを育てる学級経営」「授業に生かす教科書研究」「信頼性を高める学校経営」「授業づくりの基礎・基本の解明」など。

主著に，『社会科指導案づくりの上達法』『ノンフィクションの授業』『授業総合診療医　ドクター鈴木の新人教師の授業診断　あなたの指導　ここをこう見られている…』(以上，明治図書)，『道徳授業づくり上達10の技法』『教師力を高める──授業づくりの基礎となる20の視点』『必ず成功する！ 新展開の道徳授業』『思考のスイッチを入れる　授業の基礎・基本』(以上，日本標準)，『道徳授業をおもしろくする！』(教育出版) など。そのほか，編著書，雑誌論文等多数。

メールアドレス：kenjis@auecc.aichi-edu.ac.jp

考え，議論する道徳をつくる

新しい道徳授業の基礎・基本
必ず成功するQ&A47

2018年8月25日　第1刷発行

著　者　鈴木健二
発行者　伊藤　潔
発行所　株式会社 日本標準
　　　　〒167-0052　東京都杉並区南荻窪3-31-18
　　　　電話　03-3334-2640［編集］
　　　　　　　03-3334-2620［営業］
　　　　URL　http://www.nipponhyojun.co.jp/

編集協力・デザイン　株式会社 コッフェル
印刷・製本　株式会社 リーブルテック

©Suzuki Kenji 2018　Printed in Japan　　　　　ISBN 978-4-8208-0644-8

◆乱丁・落丁の場合はお取り替えいたします。　　◆定価はカバーに表示してあります。